人體的神與秘

從占星、塔羅、薩滿、靈修、魔法神話、天使精靈……
到基督教、佛教、印度教、卡巴拉、煉金術士都在求解人體之謎！

THE OCCULT ANATOMY OF MAN

曼利・帕爾默・霍爾（Manly Palmer Hall）—著
蔡孟璇—譯

Mystery 54

人體的神與秘

從占星、塔羅、薩滿、靈修、魔法神話、天使精靈……到基督教、佛教、印度教、卡巴拉、煉金術士都在求解人體之謎！

原著書名　The Occult Anatomy Of Man
原書作者　曼利・帕爾默・霍爾（Manly Palmer Hall）
譯　　者　蔡孟璇
封面設計　柯俊仰
特約美編　顏麟驊
特約編輯　洪禎璐
主　　編　劉信宏
總 編 輯　林許文二

出　　版　柿子文化事業有限公司
地　　址　11677臺北市羅斯福路五段158號2樓
業務專線　（02）89314903#15
讀者專線　（02）89314903#9
傳　　真　（02）29319207
郵撥帳號　19822651柿子文化事業有限公司
投稿信箱　editor@persimmonbooks.com.tw
服務信箱　service@persimmonbooks.com.tw

業務行政　鄭淑娟、陳顯中

首版一刷　2024年6月
定　　價　新臺幣420元
I S B N　978-626-7408-47-6

歡迎走進柿子文化網 https:// persimmonbooks.com.tw
粉絲團：60秒看新世界
～柿子在秋天火紅 文化在書中成熟～

國家圖書館出版品預行編目(CIP)資料

人體的神與秘：從占星、塔羅、薩滿、靈修、魔法神話、天使精靈……到基督教、佛教、印度教、卡巴拉、煉金術士都在求解人體之謎！／曼利・帕爾默・霍爾(Manly Palmer Hall)著；蔡孟璇譯. -- 初版. -- 臺北市：柿子文化事業有限公司，2024.06
面；　公分. --（Mystery；54）
譯自：The Occult Anatomy Of Man
ISBN 978-626-7408-47-6（平裝）
1.CST：象徵主義　2.CST：神秘主義　3.CST：人體學
143.65　　113007794

推薦語

這本書對我而言是一份豐富的靈性饋贈，推薦給每一位追尋內在智慧的人。

——Angel 馮亭予／占星師、光的課程帶領者

他用幾乎是詩意的語言，帶領讀者進入一個充滿象徵意義的世界，其中每一個器官、每一塊肌肉都不僅是生物學功能的體現，更是靈魂和宇宙能量的交匯。

——Oscar 灰叔／澳大利亞中華神秘學協會（COA）前主席、連續三屆中國塔羅研討會指定導師與塔羅大賽出題人和總裁判、《地占全書》系列作者

這本書名《人體的神與秘》真的非常吸引我的注意，我很建議大家可以看一看，並同從自身經驗來驗證，相信各位一定會有很特別的領悟。

——YOYO／「YOYO心靈角落」創辦人

本書引導讀者走向最初的自我，理解整個宇宙就在自己的身體、心靈和靈魂中。

——女巫阿娥／芳香療法與香藥草生活保健作家

這本《人體的神與秘》是作者早期的重要著作之一，書中以卡巴拉及基督宗教的啟示為主，旁及其他東西方神秘學的派系，清楚呈現出物質世界與靈性世界交會的奧秘生理學，是少數能將理論說得清楚明白的作品。

——丹尼爾／塔羅教父、《奧密科學大綱》譯者透過這本《人體的神與秘》，作者帶領著我們一窺人身之奧秘，讓我們從認識自己開始，串聯起那與我們共鳴相應的廣袤宇宙。

——丹德萊恩／《一個台灣巫師的影子書》作者

書中集合了豐富的符號象徵、星座、煉金術等學問經典，將奧妙從宇宙觀回歸人體，更深刻的察覺內在意識，掌握心靈的生命力量。

——孟小靖／塔羅事典館主

這本書不僅是神秘學愛好者的經典讀物，也是所有尋求靈性啟迪和內在智慧人士的重要資源。

——陳盈君／左西人文空間創辦人

透過對世界宗教、神秘學和東西方文化傳統的廣泛研究，霍爾在這本書中闡釋了古人的智慧。

——黃逸美／《意識結構》共同作者，意識結構研究會負責人

這本人體的神秘學，是身體神秘學構造的寶庫，是多維時空繁複體系交織的身心靈學說，蘊含著豐富深刻的精湛學理，相信不是一般人體書籍能相提並論的。

——星宿老師 Farris Lin 林樂卿／占星協會會長

（各篇推薦序全文請見一八三頁）

高舉神秘火焰的美國人

曾於東方研究學院擔任宗教學教授，並擔任諾斯底教教會（Ecclesia Gnostica）主教的史蒂芬．霍勒（Stephan A. Hoeller），在一篇文章中憶及一位神秘學代表人物時，說道：

「那些記得的人都不會忘記這位高貴人物的形象，我們經常在他的辦公室、圖書館和演講室裡看到他，坐在椅子上，周圍環繞著來自多種文化的精美物品，散發出的紳士風度與微妙的幽默結合。即使閉上眼睛，我依然能看到巴里摩爾般的側影，還能聽到那傳遞著理想、洞察力和驚奇的悠揚聲音……」

霍勒所形容的這位人物，正是二十世紀中對不尋常神秘之學和神話傳說最具影響力的學者——曼利．帕爾默．霍爾。

從十九世紀末到二十世紀初，是神秘學說興揚的時期，當時從事「秘密智慧」的靈性導師和引介人激增。這些人之中，自然有真正的奧秘學者，但也包括了不少的騙子。時至今日，他們大多數人已經從人們的記憶裡消失。然而，霍爾的教義不僅在他去世後被保存了下來，甚至還相當受人關注，並受其影響。

曼利·帕爾默·霍爾不僅是位作家、演說師，還是占星家、神秘主義者。在他長達七十年的職業生涯中，共進行了數千場講座，並出版了一百五十多本書，更於一九三四年在洛杉磯創立了「哲學研究會」（The Philosophical Research Society; PRS），為後來的靈性神秘學說研究提供了龐大資源與幫助。

進入神秘學領域

曼利·帕爾默·霍爾於一九〇一年出生於加拿大，但他的大段人生其實多生活在美國。霍爾早年父母便離異，他是由祖母照顧長大的，但在他十六歲時祖母便去世，於是在一九一九年時去到美國加州與生母一起生活。

在加州，他受到玫瑰十字會追隨者的影響，但到了十九歲時，他對該組織的古代智慧主張產生了懷疑，並很快搬去了洛杉磯，在那裡另外結識了形而上學的探索者和研究討論團體。

有一天，霍爾被一個顱相學（這是透過頭骨的形狀和輪廓來解讀人類心理的學科）的廣告招牌所吸引。負責人西德尼・布朗森（Sydney J. Brownson）很快就成為霍爾的導師，他向霍爾教導說明了關於磁力、輪迴、光環、古人智慧、印度和東方奧秘，以及教會的秘密教義等知識。一年後，布朗森邀請霍爾在聖莫妮卡一家銀行樓上的一間住所，針對特定的聽眾發表演講，主題是關於輪迴，這一場演講讓他獲得了很大的成功。

很快的，霍爾開始受到重視，並於一九二三年被任命為「人民教會」的自由福音教會牧師。

之後，霍爾在這裡持續了多場講座，演講時他會穿著深色訂製的西裝，坐在舞台中央，雙手手掌安放在貴族椅子的扶手上。

他會足足演講一個半小時，一分鐘都不會多，無論他的主題是埃及的儀式，還是神話中的精靈，他都是用同樣的結束語來結束演說：「就這樣了，這就是今天的全部內容。」

由於霍爾的成名，吸引了許多人來向他靠攏，並且不吝施予贊助。其中最大的贊助者是卡洛琳．勞埃德（Caroline Lloyd）和她的女兒埃斯特爾（Estelle），她們是加州文圖拉縣油田的一個家族成員。

她們在結識霍爾後，便開始將大部分的收益寄給他。霍爾則利用這些資金，走訪了歐洲和亞洲，研究這些地區人民的生活、習俗和宗教。二十世紀三〇年代初訪問倫敦時，霍爾還從蘇富比拍賣行的拍賣代理處獲得了大量有關煉金術和神秘學的善本和手稿。卡洛琳·勞埃德於一九四六年去世時，她甚至在遺囑中給霍爾留下了大筆遺產。

與神智學的聯繫

認真說來，霍爾除了在軍校有過短暫的學習外，他其實一直沒有受過正規的教育。在加利福尼亞時，他受到神智學會的影響，尤其他的神秘學說更是受到了海倫娜·彼得羅夫娜·布拉瓦茨基（Helena Petrovna Blavatsky，是俄羅斯的神智學家、作家與哲學家，創立了神智學與神智學協會）深遠的影響。

霍爾熱衷於任何與布拉瓦茨基有關的事情，他對神智學的獨特觀點非常認同。他曾表示，布拉瓦茨基的作品在相關文學領域或多或少都具有獨特性，她獨特的洞察力，使其作品獨一無二、非凡而有價值。他進一步表示，她在她的時代發表的許多極具爭議性的言論，但在現代已被普遍接受，她所報告的許多發現讓同時代人感到驚訝，如今也已經成為普遍的常識。甚至他在著作中曾寫道：「除去了海倫娜．彼得羅夫娜．布拉瓦茨基的貢獻，所有現代神秘主義都會像紙牌屋一樣倒塌。」

然而，霍爾從來都不是任何神智學會的會員。儘管如此，他還是積極參與神智學的相關工作，並在舊金山、波特蘭、芝加哥和奧克蘭的貝桑特好萊塢旅館發表演說。神智學出版社也會分發並審查他著作的書，神智學成員在分會會議上更會研究這些書，並聆聽他的錄音講座，而霍爾所建立的「哲學研究會」也會接待神智學講師。

秘密的智慧，實用的智慧

霍爾在一九二〇年代初期，藉由卡洛琳．勞埃德的資助，得以到世界各地旅行，使他在一定的程度上接近了古代聖地遺跡與哲學系統，並因此獲得了大批珍貴的神秘學文獻材料。例如，在大英博物館他獲得了一些最稀有的手稿，並於一九二〇年代在紐約公共圖書館的美術閱覽室中找到了珍貴資料，收集了近千條目的參考書目。

統整這些稀有文稿資料後，霍爾出版了多本被廣泛認為是神秘文學經典的書籍，其中包括本書《人體的神與秘》與知名的《歷代秘教》。這些經典是二十世紀美國神秘學復興中最重要的書籍，至今仍然具有影響力，它們向公眾提出的許多教義和思想仍在流傳。

以現在的觀點來研究霍爾的著作，可以得知他深入研究了許多歷史學家拒絕考慮的資料（從共濟會和玫瑰十字會的小冊子，到煉金術和占星術著作），而後來的學術研究更證明了他的一些歷史結論是正確的。

雖然霍爾對神秘哲學、神秘學和形而上哲學有著極大興趣，但他並不專注於秘法永生或權力意志，或者嘗試去發現打開宇宙的金鑰。相反的，他專注於以非常實際的方式來體現內在真理。

透過探索所有形而上的奧秘之義，他想知道，這些想法如何能讓日常生活的意義變得更為清晰明朗？

即使霍爾的學說研究在學術界一直不被重視，但它確實影響了一些選擇傳統神秘學術研究道路的人。他的作品澄清了那些看似遙不可及的古老思想，但他不是以一個遙遠的審判者身分來下筆，而是以一個對古老方式所體現的儀式和神秘的熱愛者身分來寫作。

肩負傳承的「哲學研究會」

霍爾覺得自己肩負著重新建立與傳統神秘學聯繫的使命，因為在他看來，美國當時的社會環境已經屈服於時代中的唯物主義，而且神秘學的教義在美國大學中毫無地位，這讓霍爾感到不安。

因此，他決定在洛杉磯建立一個由他所設計的靈性中心，主要的使命是，傳授保存超過十萬部古代神秘文本中的「實用理想主義」知識，進而發展造福社會的項目，並激發研究人員能將其運用到日常生活中。

一九三四年，霍爾的「哲學研究會」從國會控股公司購買了一塊黃金地段，這是俯瞰洛斯費利斯大道和通往格里菲斯公園的一處山丘。一九三五年，大約有一百人在此聚集，一起為「哲學研究會」新總部進行奠基儀式。

「哲學研究會」提供了一個與世隔絕的環境，霍爾在這裡度過了餘生，並在此從事教學、寫作，以及收集大量古董文獻和宗教物品。他的小校園最終發展成為一個擁有五萬冊藏書的圖書館、一座有三百個座位的禮堂、一間書店、一個倉庫、一間辦公室和一個庭院。它成為洛杉磯最受神秘靈性好奇者歡迎的地方之一。

智慧是與生俱來的權利

綜觀曼利．帕爾默．霍爾的一生，或許其中有爭議之處，但從某種意義上來說，描述無限宏偉、不朽、力量和願景時，他代表著一種不同的理想，是二十世紀切切實實的尖端神秘主義代表人物。

「在我仔細考慮這個問題之後，」他在去世前幾年曾寫道：「似乎有必要建立某種堅實的基礎，使個人的理想主義能夠將其希望和抱負與時代的智慧結合起來。」從這個意義上來說，這位偉大的學者所取得的成就，不僅僅只是對深奧真理的編纂，而是將神秘思想的研究變成了一項偉大事業。霍爾去世之後，《洛杉磯時報》的一名記者指出，「追隨者說，他相信輪迴，相信黃金法則和節制生活的結合。」

我們從他的作品中可以感受到傳承的偉大，但對霍爾來說，最重要的是：所有智慧都是人與生俱來的權利，需要富有同情心地運用，以造福世界和我們自己。

CONTENTS

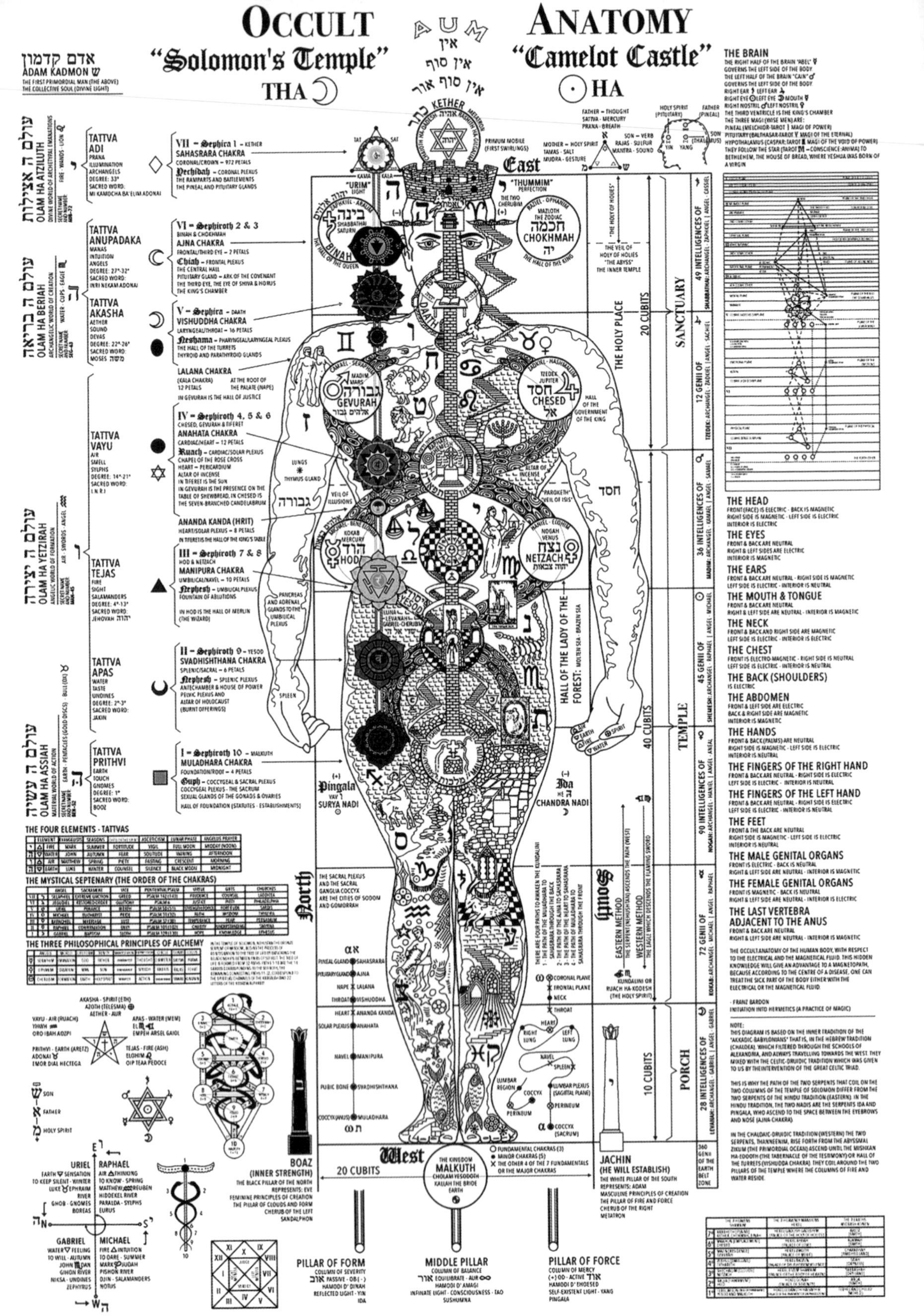

OCCULT
AUM
ANATOMY
"Solomon's Temple"
"Camelot Castle"
THA
HA
אין
אין סוף
אין סוף אור
אדם קדמון
ADAM KADMON
THE FIRST PRIMORDIAL MAN (THE ABOVE)
THE COLLECTIVE SOUL (DIVINE LIGHT)
THE BRAIN
THE RIGHT HALF OF THE BRAIN "ABEL" GOVERNS THE LEFT SIDE OF THE BODY
THE LEFT HALF OF THE BRAIN "CAIN" GOVERNS THE LEFT SIDE OF THE BODY
THE THIRD VENTRICLE IS THE KING'S CHAMBER
THE THREE MAGI (WISE MEN) ARE:
PINEAL (MELCHIOR-TAROT) MAGI OF POWER
PITUITARY (BALTHASAR-TAROT) MAGI OF THE ETERNAL
HYPOTHALAMUS (CASPAR-TAROT) MAGI OF THE VOID OF POWER
THEY FOLLOW THE STAR (TAROT) TO BETHLEHEM, THE HOUSE OF BREAD, WHERE YESHUA WAS BORN OF A VIRGIN
KETHER
East
West
North
South
TATTVA ADI
TATTVA ANUPADAKA
TATTVA AKASHA
TATTVA VAYU
TATTVA TEJAS
TATTVA APAS
TATTVA PRITHVI
OLAM HA ATZILUTH
OLAM HA BERIAH
OLAM HA YETZIRAH
OLAM HA ASSIAH
VII – Sephira 1 – KETHER
SAHASRARA CHAKRA
CORONAL/CROWN – 972 PETALS
Yechidah – CORONAL PLEXUS
THE RAMPARTS AND BATTLEMENTS
THE PINEAL AND PITUITARY GLANDS
VI – Sephiroth 2 & 3
BINAH & CHOKHMAH
AJNA CHAKRA
FRONTAL/THIRD EYE – 2 PETALS
Chiah – FRONTAL PLEXUS
THE CENTRAL HALL
PITUITARY GLAND – ARK OF THE COVENANT
THE THIRD EYE, THE EYE OF SHIVA & HORUS
THE KING'S CHAMBER
V – Sephira – DAATH
VISHUDDHA CHAKRA
LARYNGEAL/THROAT – 16 PETALS
Neshama – PHARYNGEAL/LARYNGEAL PLEXUS
THE HALL OF THE TURRETS
THYROID AND PARATHYROID GLANDS
LALANA CHAKRA
(KALA CHAKRA)
12 PETALS
AT THE ROOT OF THE PALATE (NAPE)
IN GEVURAH IS THE HALL OF JUSTICE
IV – Sephiroth 4, 5 & 6
CHESED, GEVURAH & TIFERET
ANAHATA CHAKRA
CARDIAC/HEART – 12 PETALS
Ruach – CARDIAC/SOLAR PLEXUS
CHAPEL OF THE ROSE CROSS
HEART – PERICARDIUM
ALTAR OF INCENSE
IN TIFERET IS THE SUN
IN GEVURAH IS THE PRESENCE ON THE TABLE OF SHEWBREAD, IN CHESED IS THE SEVEN-BRANCHED CANDELABRUM
ANANDA KANDA (HRIT)
HEART/SOLAR PLEXUS – 8 PETALS
IN TIFERET IS THE HALL OF THE KING'S TABLE
III – Sephiroth 7 & 8
HOD & NETZACH
MANIPURA CHAKRA
UMBILICAL/NAVEL – 10 PETALS
Nephesh – UMBILICAL PLEXUS
FOUNTAIN OF ABLUTIONS
IN HOD IS THE HALL OF MERLIN (THE WIZARD)
II – Sephiroth 9 – YESOD
SVADHISHTHANA CHAKRA
SPLENIC/SACRAL – 6 PETALS
Nephesh – SPLENIC PLEXUS
ANTECHAMBER & HOUSE OF POWER
PELVIC PLEXUS AND ALTAR OF HOLOCAUST (BURNT OFFERINGS)
I – Sephiroth 10 – MALKUTH
MULADHARA CHAKRA
FOUNDATION/ROOT – 4 PETALS
Guph – COCCYGEAL & SACRAL PLEXUS
COCCYGEAL PLEXUS – THE SACRUM
SEXUAL GLANDS OF THE GONADS & OVARIES
HALL OF FOUNDATION (STATUTES – ESTABLISHMENTS)
BINAH
CHOKHMAH
DAATH
GEVURAH
CHESED
TIFERET
HOD
NETZACH
YESOD
MALKUTH
"URIM"
"THUMMIM"
THE VEIL OF HOLY OF HOLIES "THE ABYSS" THE INNER TEMPLE
THE HOLY PLACE
20 CUBITS
SANCTUARY
40 CUBITS
TEMPLE
10 CUBITS
PORCH
HALL OF THE LADY OF THE FOREST: MOLTEN SEA – BRAZEN SEA
VEIL OF ILLUSIONS
"PAROKETH" "VEIL OF ISIS"
LUNGS
THYMUS GLAND
PANCREAS AND ADRENAL GLANDS TO THE UMBILICAL PLEXUS
SPLEEN
Pingala
SURYA NADI
Ida
CHANDRA NADI
EASTERN METHOD
WESTERN METHOD
KUNDALINI OR RUACH HA-KODESH (THE HOLY SPIRIT)
THE SACRAL PLEXUS AND THE SACRAL GANGLIA COCCYX ARE THE CITIES OF SODOM AND GOMORRAH
49 INTELLIGENCES OF
12 GENII OF
36 INTELLIGENCES OF
45 GENII OF
90 INTELLIGENCES OF
72 GENII OF
28 INTELLIGENCES OF
360 GENII OF THE EARTH BELT ZONE
THE HEAD
FRONT (FACE) IS ELECTRIC – BACK IS MAGNETIC
RIGHT SIDE IS MAGNETIC – LEFT SIDE IS ELECTRIC
INTERIOR IS ELECTRIC
THE EYES
FRONT & BACK ARE NEUTRAL
RIGHT & LEFT SIDES ARE ELECTRIC
INTERIOR IS MAGNETIC
THE EARS
FRONT & BACK ARE NEUTRAL – RIGHT SIDE IS MAGNETIC
LEFT SIDE IS ELECTRIC – INTERIOR IS NEUTRAL
THE MOUTH & TONGUE
FRONT & BACK ARE NEUTRAL
RIGHT & LEFT SIDE ARE NEUTRAL – INTERIOR IS MAGNETIC
THE NECK
FRONT & BACK AND RIGHT SIDE ARE MAGNETIC
LEFT SIDE IS ELECTRIC – INTERIOR IS ELECTRIC
THE CHEST
FRONT IS ELECTRO-MAGNETIC – RIGHT SIDE IS NEUTRAL
LEFT SIDE IS ELECTRIC – INTERIOR IS NEUTRAL
THE BACK (SHOULDERS)
IS ELECTRIC
THE ABDOMEN
FRONT & LEFT SIDE ARE ELECTRIC
BACK & RIGHT SIDE ARE MAGNETIC
INTERIOR IS MAGNETIC
THE HANDS
FRONT & BACK (PALMS) ARE NEUTRAL
RIGHT SIDE IS MAGNETIC – LEFT SIDE IS ELECTRIC
INTERIOR IS NEUTRAL
THE FINGERS OF THE RIGHT HAND
FRONT & BACK ARE NEUTRAL – RIGHT SIDE IS ELECTRIC
LEFT SIDE IS ELECTRIC – INTERIOR IS NEUTRAL
THE FINGERS OF THE LEFT HAND
FRONT & BACK ARE NEUTRAL – RIGHT SIDE IS ELECTRIC
LEFT SIDE IS ELECTRIC – INTERIOR IS NEUTRAL
THE FEET
FRONT & THE BACK ARE NEUTRAL
RIGHT SIDE IS MAGNETIC – LEFT SIDE IS ELECTRIC
INTERIOR IS NEUTRAL
THE MALE GENITAL ORGANS
FRONT IS ELECTRIC – BACK IS NEUTRAL
RIGHT & LEFT SIDE ARE NEUTRAL – INTERIOR IS MAGNETIC
THE FEMALE GENITAL ORGANS
FRONT IS MAGNETIC – BACK IS NEUTRAL
RIGHT & LEFT SIDE ARE NEUTRAL – INTERIOR IS ELECTRIC
THE LAST VERTEBRA ADJACENT TO THE ANUS
FRONT & BACK ARE NEUTRAL
RIGHT & LEFT SIDE ARE NEUTRAL – INTERIOR IS MAGNETIC
THE OCCULT ANATOMY OF THE HUMAN BODY, WITH RESPECT TO THE ELECTRICAL AND THE MAGNETICAL FLUID. THIS HIDDEN KNOWLEDGE WILL GIVE AN ADVANTAGE TO A MAGNETOPATH, BECAUSE ACCORDING TO THE CENTRE OF A DISEASE, ONE CAN TREAT THE SICK PART OF THE BODY EITHER WITH THE ELECTRICAL OR THE MAGNETICAL FLUID.
– FRANZ BARDON
INITIATION INTO HERMETICS (A PRACTICE OF MAGIC)
NOTE:
THIS DIAGRAM IS BASED ON THE INNER TRADITION OF THE "AKKADIC-BABYLONIANS" THAT IS, IN THE HEBREW TRADITION (CHALDEA), WHICH FILTERED THROUGH THE SCHOOLS OF ALEXANDRIA, AND ALWAYS TRAVELLING TOWARDS THE WEST. THEY MIXED WITH THE CELTIC-DRUIDIC TRADITION WHICH WAS GIVEN TO US BY THE INTERVENTION OF THE GREAT CELTIC TRIAD.
THIS IS WHY THE PATH OF THE TWO SERPENTS THAT COIL ON THE TWO COLUMNS OF THE TEMPLE OF SOLOMON DIFFER FROM THE TWO SERPENTS OF THE HINDU TRADITION (EASTERN). IN THE HINDU TRADITION, THE TWO NADIS ARE THE SERPENTS IDA AND PINGALA, WHO ASCEND TO THE SPACE BETWEEN THE EYEBROWS AND NOSE (AJNA CHAKRA).
IN THE CHALDAIC-DRUIDIC TRADITION (WESTERN) THE TWO SERPENTS, THANNEENIM, RISE FORTH FROM THE ABYSSMAL ZIKUM (THE PRIMORDIAL OCEAN) ASCEND UNTIL THE MISHKAN HA-EDOOTH (THE TABERNACLE OF THE TESTIMONY) OR HALL OF THE TURRETS (VISHUDDA CHAKRA). THEY COIL AROUND THE TWO PILLARS OF THE TEMPLE WHERE THE COLUMNS OF FIRE AND WATER RESIDE.
THE FOUR ELEMENTS – TATTVAS
THE MYSTICAL SEPTENARY (THE ORDER OF THE CHAKRAS)
THE THREE PHILOSOPHICAL PRINCIPLES OF ALCHEMY
PINEAL GLAND – SAHASRARA
PITUITARY GLAND – AJNA
NAPE – LALANA
THROAT – VISHUDDHA
HEART – ANANDA KANDA
SOLAR PLEXUS – ANAHATA
NAVEL – MANIPURA
PUBIC BONE – SVADHISHTHANA
COCCYX (ANUS) – MULADHARA
CORONAL PLANE
FRONTAL PLANE
NECK
THROAT
HEART
RIGHT LUNG
LEFT LUNG
NAVEL
SPLEEN
LUMBAR REGION
LUMBAR PLEXUS (SAGITTAL PLANE)
COCCYX
PERINEUM
COCCYX (SACRUM)
FUNDAMENTAL CHAKRAS (3)
MINOR CHAKRAS (5)
THE OTHER 4 OF THE 7 FUNDAMENTALS OR THE MAJOR CHAKRAS
THE KINGDOM
MALKUTH
KALLAH THE BRIDE
EARTH
20 CUBITS
BOAZ
(INNER STRENGTH)
THE BLACK PILLAR OF THE NORTH REPRESENTS: EVE
FEMININE PRINCIPLES OF CREATION
THE PILLAR OF CLOUDS AND FORM
CHERUB OF THE LEFT
SANDALPHON
JACHIN
(HE WILL ESTABLISH)
THE WHITE PILLAR OF THE SOUTH REPRESENTS: ADAM
MASCULINE PRINCIPLES OF CREATION
THE PILLAR OF FIRE AND FORCE
CHERUB OF THE RIGHT
METATRON
PILLAR OF FORM
COLUMN OF SEVERITY
PASSIVE – OB (–)
HAMODI D' DINAH
REFLECTED LIGHT – YIN
IDA
MIDDLE PILLAR
COLUMN OF BALANCE
EQUILIBRATE – AUR
HAMODI D' AMAGI
INFINATE LIGHT – CONSCIOUSNESS – TAO
SUSHUMNA
PILLAR OF FORCE
COLUMN OF MERCY
(+) OD – ACTIVE
HAMODI D' EHOESED
SELF-EXISTENT LIGHT – YANG
PINGALA
AKASHA – SPIRIT (ETH)
AZOTH (TELESMA)
AETHER – AUR
VAYU – AIR (RUACH)
APAS – WATER (MEM)
PRITHVI – EARTH (ARETZ)
TEJAS – FIRE (ASH)
SON
FATHER
HOLY SPIRIT
URIEL
RAPHAEL
GABRIEL
MICHAEL

人體的神與秘圖表說解

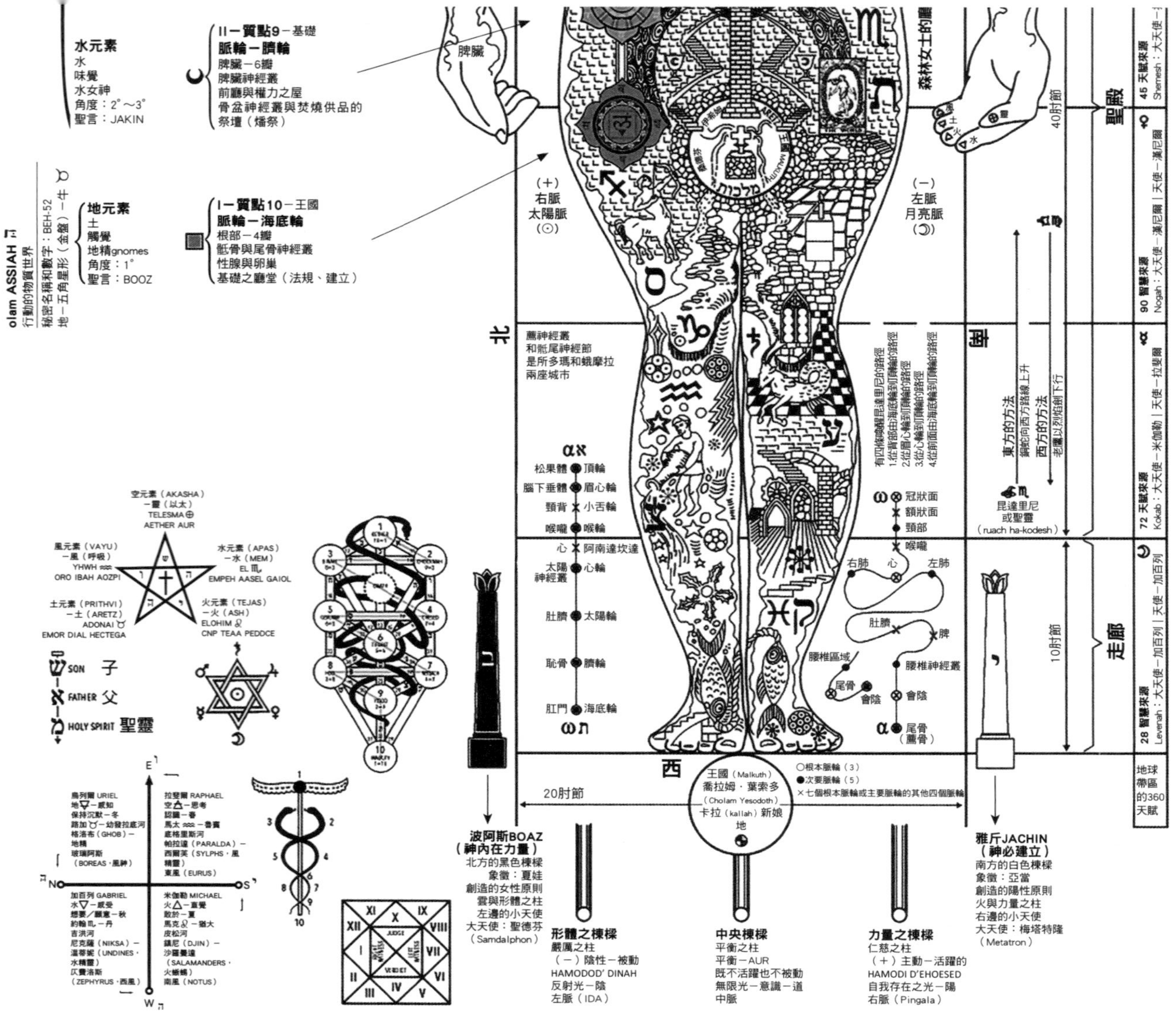

手
前與後（掌心）是中性的
右邊是帶磁性的－左邊是帶電的
內部是帶中性的

右手指
前與後是中性的－右邊是帶電的
左邊是帶電的－內部是中性的

左手指
前與後是中性的－右邊是帶電的
左邊是帶電的－內部是中性的

腳
前與後是中性的
右邊是帶磁性的－左邊是帶電的
內部是中性的

男性器官
前面是帶電的－底部是中性的
右邊與左邊是中性的
內部是帶磁性的

女性器官
前面是帶磁性的－後面是中性的
右邊與左邊是中性的
內部是帶電的

鄰近肛門的尾椎骨
前面與後面是中性的
右邊與左邊是中性的
內部是帶磁性的

人體的神秘學，與電流和磁流體有關。這個隱藏的知識將為磁療師帶來優勢，因為根據疾病的中心，人們可以使用電流或磁液來治療身體的患病部位。
——弗朗茨．巴登（Franz Bardon），《赫爾墨斯入門》（魔法實踐）

備註：
此圖基於「阿卡德巴比倫人」的內在傳統，即希伯來傳統（迦勒底）。經過亞歷山大的學校過濾，並始終向西方傳播，它們與凱爾特－德魯伊傳統混合在一起，並透過偉大凱爾特三合會的介入而給予我們。
這就是為什麼所羅門聖殿兩根柱子上盤繞的兩條蛇的路徑，不同於印度教傳統（東方）的兩條蛇。在印度教傳統中，兩條經脈是左脈和右脈，上升到眉毛和鼻子間的空間（眉心輪）。
在迦勒底德魯伊傳統西方中，兩條蛇從原始海洋升起，上升到證詞聖殿或塔樓大廳。
它們盤繞在寺廟的兩根柱子上，那裡有火柱和水柱。

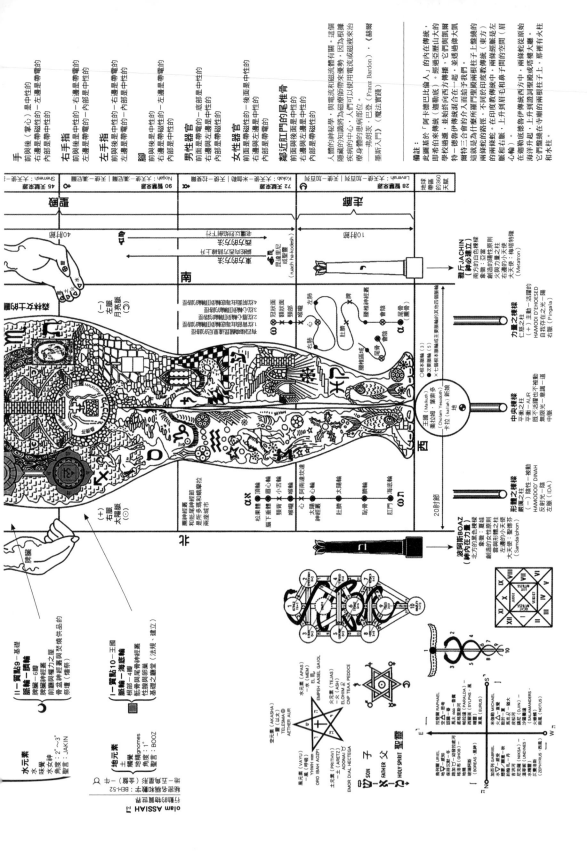

神秘學
所羅門的聖殿
月亮（THA）

AIN（無）
AIN SOF（無限）
AIN SOF AUR（無限之光）

解剖學
卡美洛的城堡
太陽（HA）

ADAM KADMON ש
最初的原始人類（上方）
集體的靈魂（神聖之光）

OLAM ATZILUTH י
原型放射物的神聖世界
秘密名稱和數字：AUB 72
火－杖－鑽 ♌

本初元素
普拉納（Prana）
光亮
大天使
角度：33°
聖言：
MI CHAMOCHA
BA'ELIM ADONAI

◇ **VII－質點1－王冠**
脈輪－頂輪
王冠－972瓣
頂冠神經叢
牆垣，城垛
松果體與腦下垂體

OLAM BRIAH ה
創造的原型世界
秘密名稱和數字：SEG-63
水－杯－鷹 ♏

全靈元素
意識（Manas）
直覺（心）
天使
角度：27°～32°
聖言：INRI
NEKAMADONAI

☾ **VI－質點2 & 3－智慧、理解**
脈輪－眉心輪
前額－2瓣
前額神經叢
中央大廳
松果體－約櫃
第三眼、濕婆與荷魯斯之眼
國王的房間

空元素
以太（Aether）
聲音
神祇
角度：22°～26°
聖言：MOSES
משה

☽ ● **V－質點－知識**
脈輪－喉輪
喉部－16瓣
咽喉神經叢
樑柱之廳堂
甲狀腺與副甲狀腺

脈輪－小舌輪（Lalana或kala）
12花瓣
在上顎底部（顎背）
審判廳在格烏拉（Gevurah，即第五個質點〔知識〕）

OLAM YETZIRAH ו
形成的天使世界
秘密名稱和數字：MLH-45
風－劍－天使 ≈

風元素
風
嗅覺
西爾芙（Sylphs，風精靈）
角度：14°～21°
聖言：I. N. R. I.

● ✡ **IV－質點4 & 5 & 6**
仁慈、嚴厲、美麗
脈輪－心輪
心－12瓣
靈－太陽神經叢
玫瑰十字教堂
心包－心臟的區域
焚香之聖壇
太陽在蒂費雷特（Tiferet，即第六個質點〔美麗〕），供養餅的祭品桌在格烏拉（第五個質點〔知識〕），有七個分支的燭台在切塞德（Chesed，即第四個質點〔仁慈〕）

脈輪－阿南達．坎達（至福之根）
心輪／太陽神經叢－8瓣
國王桌子之廳堂在蒂費雷特（第六個質點）

火元素
火
蠑螈
角度：4°～13°
聖言：JEHOVAH
יהוה

▲ **III－質點7 & 8**
宏偉、勝利
脈輪－太陽輪
臍－10瓣
太陽神經叢
梅林之廳在霍德（Hod，即第七質點〔宏偉〕）

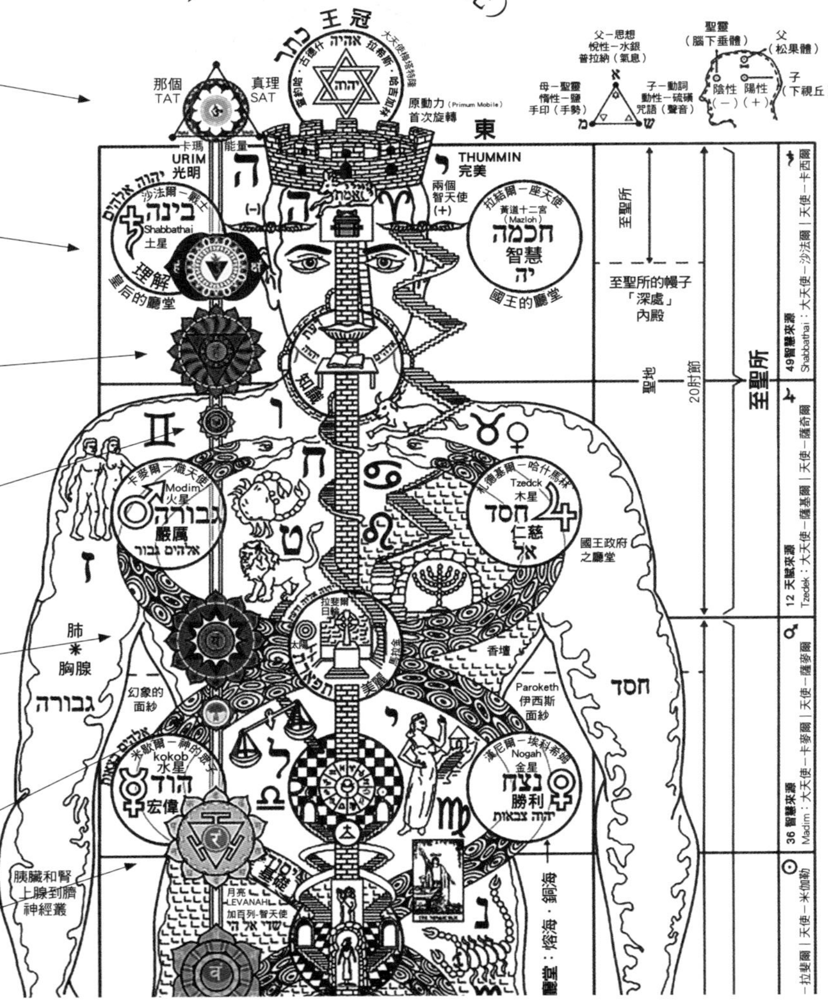

大腦
右半部的大腦ABEL（亞伯）
與左半邊的身體相對應
左半部的大腦CAIN（該隱）
與右半邊的身體相對應
右耳／左耳
右眼／左眼／嘴巴
右鼻孔／左鼻孔
第三腦室是王室
三位魔法師（智者）是
松果體／墨基奧（Melchior），第一張塔羅牌－力量魔法師
腦下垂體／巴爾大撒（Balthasar），第五張塔羅牌－永恆的魔法師
下視丘／卡斯帕（Caspar），第九張塔羅牌－虛空力量的魔法師
他們跟隨星星（第十七張塔羅牌）／具良心的靈魂來到伯利恆的麵包之家，處女在那裡生下耶書亞（耶穌）

頭部
前面（臉部）是帶電的－後面是帶磁性的
右半部是帶磁性的－左半部是帶電的
內部是帶電的

眼睛
前與後是中性的
左右都是帶電的
內部是帶磁性的

耳朵
前面與後面是中性的－右邊是帶磁性的
左邊是帶電的－內部是中性的

口與舌
前與後是中性的
左右是中性的－內部是帶磁性的

頸部
前與後和右邊是帶磁性的
左邊是帶電的－內部是帶電的

胸部
前面是電磁的－右邊是中性的
左邊是帶電的－內部是中性的

後面（肩膀）
是帶電的

腹部
前面與左邊是帶電的
後面與部分右邊是帶磁性的
內部是帶磁性的

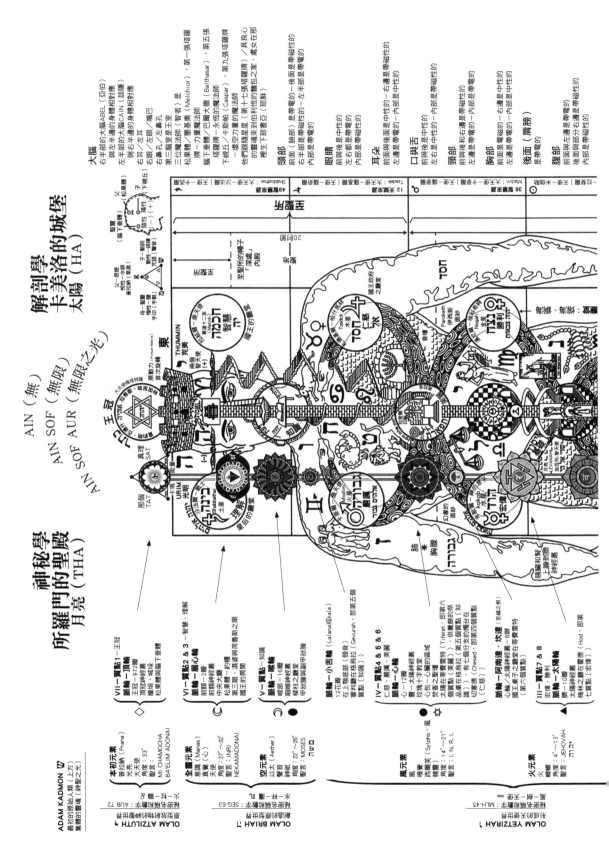

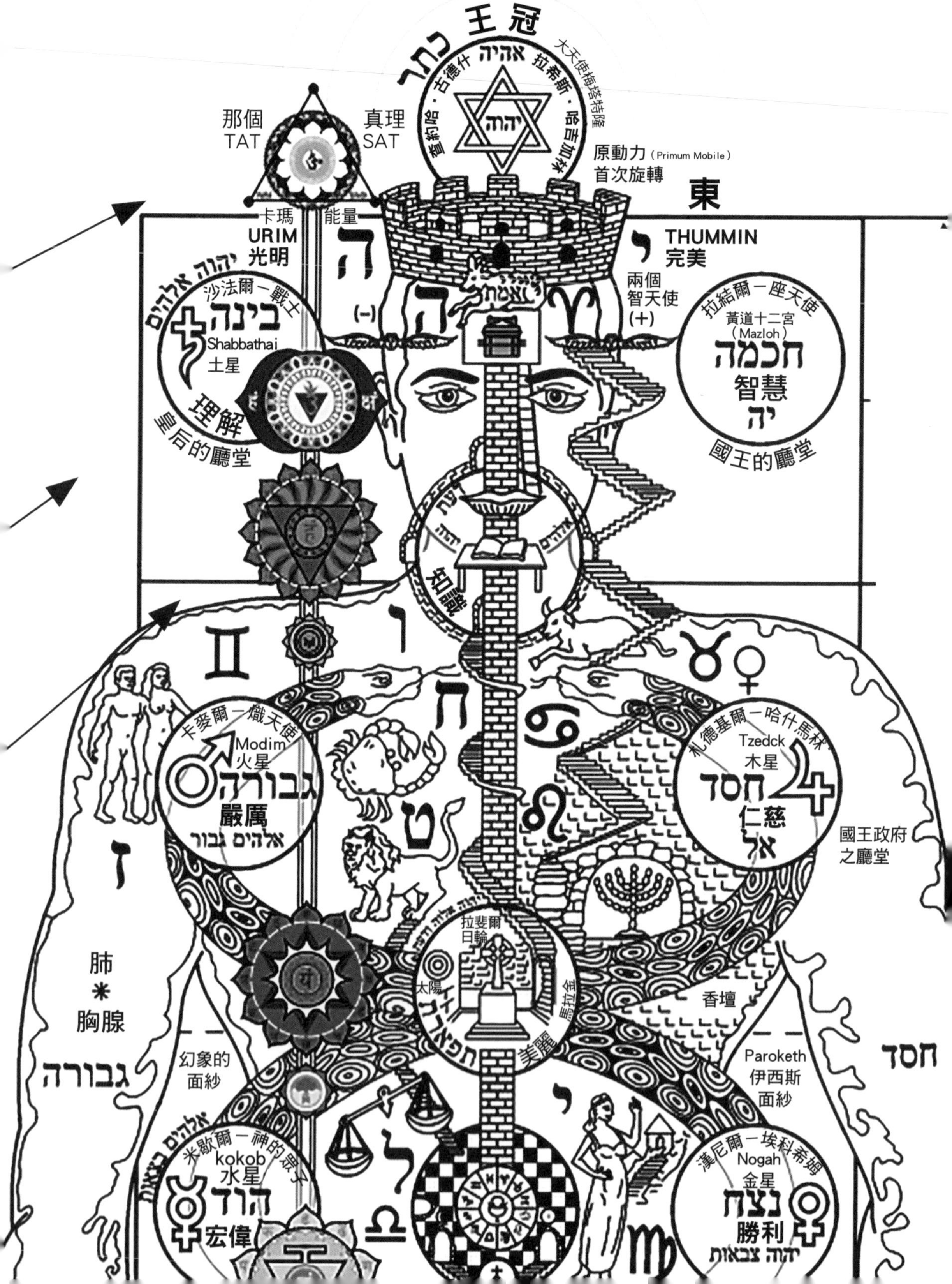

王冠
כתר
אהיה
יהוה
大天使梅塔特隆
拉希斯・哈吉加林
查約哈・古德什
原動力（Primum Mobile）
首次旋轉
那個
TAT
真理
SAT
東
卡瑪
能量
URIM
光明
THUMMIN
完美
ה
י
(−)
兩個
智天使
(+)
יהוה אלהים
沙法爾一戰士
בינה
Shabbathai
土星
理解
皇后的廳堂
拉結爾一座天使
黃道十二宮
（Mazloh）
חכמה
智慧
יה
國王的廳堂
知識
ו
ח
ט
ז
卡麥爾一熾天使
Modim
火星
גבורה
嚴厲
אלהים גבור
札德基爾一哈什馬林
Tzedck
木星
חסד
仁慈
אל
國王政府之廳堂
拉斐爾
日輪
太陽
香壇
תפארת
美麗
肺
*
胸腺
גבורה
幻象的面紗
Paroketh
伊西斯
面紗
חסד
ל
אלהים צבאות
米歇爾一神的眾子
kokob
水星
הוד
宏偉
漢尼爾一埃科希姆
Nogah
金星
נצח
勝利
יהוה צבאות

אדם קדמון

ADAM KADMON ש

最初的原始人類（上方）
集體的靈魂（神聖之光）

עולם ה אצילות

OLAM ATZILUTH י

原型放射物的神聖世界

秘密名稱和數字：
AUB 72
火－杖－獅 ♌

本初元素
普拉納（Prana）
光亮
大天使
角度：33°
聖言：MI CHAMOCHA BA'ELIM ADONAI

◇

VII－**質點**1－王冠
脈輪－頂輪
王冠－972瓣
頂冠神經叢
牆垣，城垛
松果體與腦下垂體

עולם ה בריאה

OLAM BRIAH ה

創造的原型世界

秘密名稱和數字：
SEG-63
水－杯－鷹 ♏

全靈元素
意識（Manas）
直覺（心）
天使
角度：27°～32°
聖言：
INRI NEKAMADONAI

☾

VI－**質點**2 & 3
智慧、理解
脈輪－眉心輪
前額－2瓣
前額神經叢
中央大廳
松果體－約櫃
第三眼、濕婆與荷魯斯之眼
國王的房間

空元素
以太（Aether）
聲音
神祇
角度：22°～26°
聖言：MOSES משה

☽ ●

V－**質點**－知識
脈輪－喉輪
喉部－16瓣
咽喉神經叢
樑柱之廳堂
甲狀腺與副甲狀腺

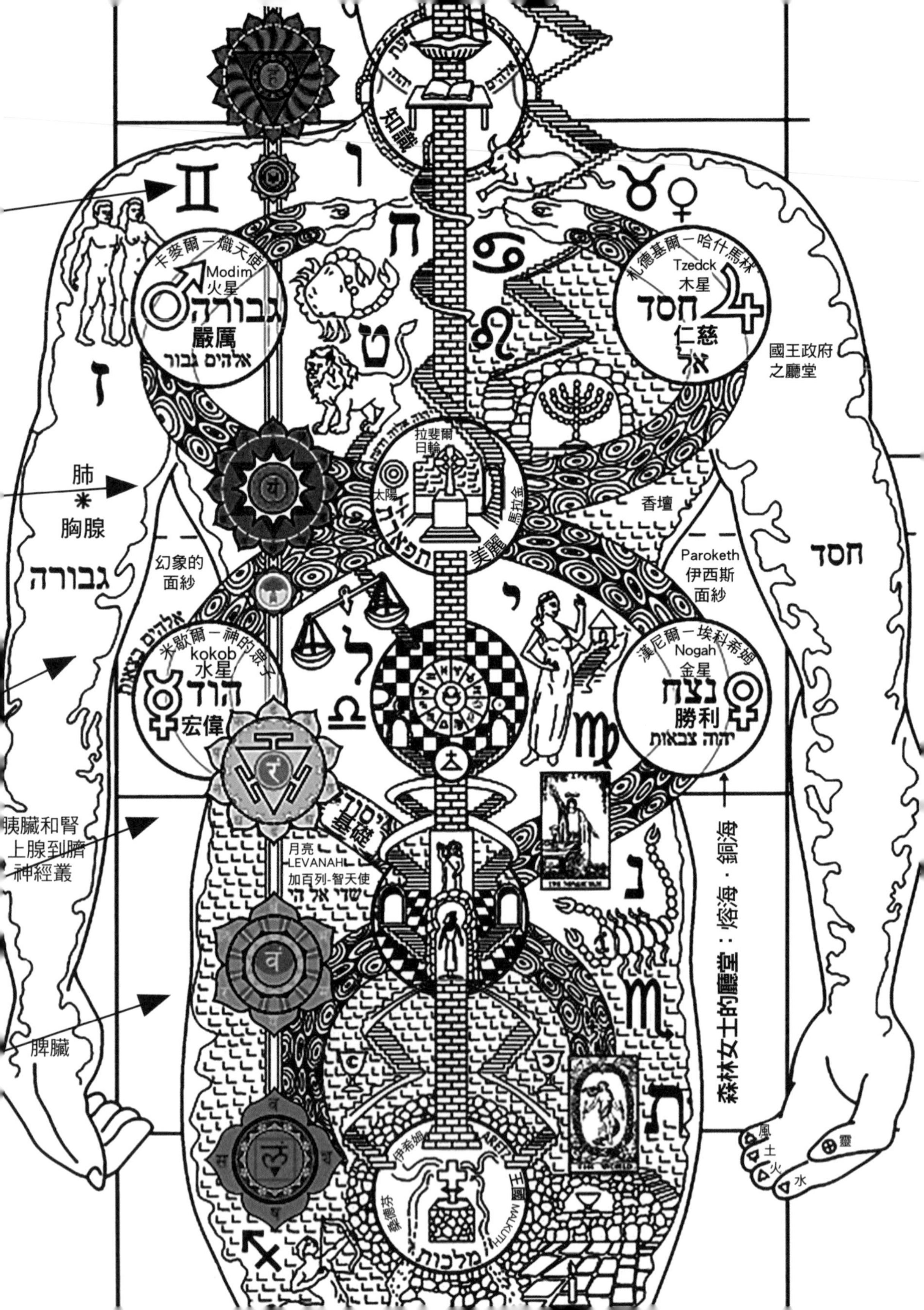

知識
卡麥爾—熾天使
Modim
火星
גבורה
嚴厲
אלהים גבור
札德基爾—哈什馬林
Tzedck
木星
חסד
仁慈
אל
國王政府之廳堂
拉斐爾
日輪
太陽
馬拉金
תפארת
美麗
香壇
肺
胸腺
גבורה
幻象的面紗
Paroketh
伊西斯
面紗
חסד
米歇爾—神的眾子
kokob
水星
הוד
宏偉
漢尼爾—埃科希姆
Nogah
金星
נצח
勝利
יהוה צבאות
יסוד
基礎
胰臟和腎上腺到臍神經叢
月亮
LEVANAH
加百列-智天使
שדי אל חי
森林女士的廳堂：熔海．銅海
脾臟
風
土
火
水
靈
伊希姆
桑德芬
王國
MALKUTH
מלכות

עולם ה יצירה
OLAM YETZIRAH ו
形成的天使世界

秘密名稱和數字：
MLH-45
風－劍－天使 ≈

脈輪－小舌輪（Lalana或kala）
12花瓣
在上顎底部（頸背）
審判廳在格烏拉（Gevurah，即第五個質點〔知識〕）

風元素
風
嗅覺
西爾芙（Sylphs，風精靈）
角度：14°～21°
聖言：I. N. R. I.

IV－質點4 & 5 & 6
仁慈、嚴厲、美麗
脈輪－心輪
心－12瓣
靈－太陽神經叢
玫瑰十字教堂
心包－心臟的區域
焚香之聖壇
太陽在蒂費雷特（Tiferet，即第六個質點〔美麗〕），供養餅的祭品桌在格烏拉（第五個質點〔知識〕），有七個分支的燭台在切塞德（Chesed，即第四個質點〔仁慈〕）

脈輪－阿南達．坎達（至福之根）
心輪／太陽神經叢－8辦
國王桌子之廳堂在蒂費雷特（第六個質點）

火元素
火
視覺
蠑螈
角度：4°～13°
聖言：JEHOVAHיהוה

III－質點7 & 8
宏偉、勝利
脈輪－太陽輪
臍－10瓣
太陽神經叢
梅林之廳在霍德（Hod，即第七質點〔宏偉〕）

水元素
水
味覺
水女神
角度：2°～3°
聖言：JAKIN

II－質點9－基礎
脈輪－臍輪
脾臟－6瓣
脾臟神經叢
前廳與權力之屋
骨盆神經叢與焚燒供品的祭壇（燔祭）

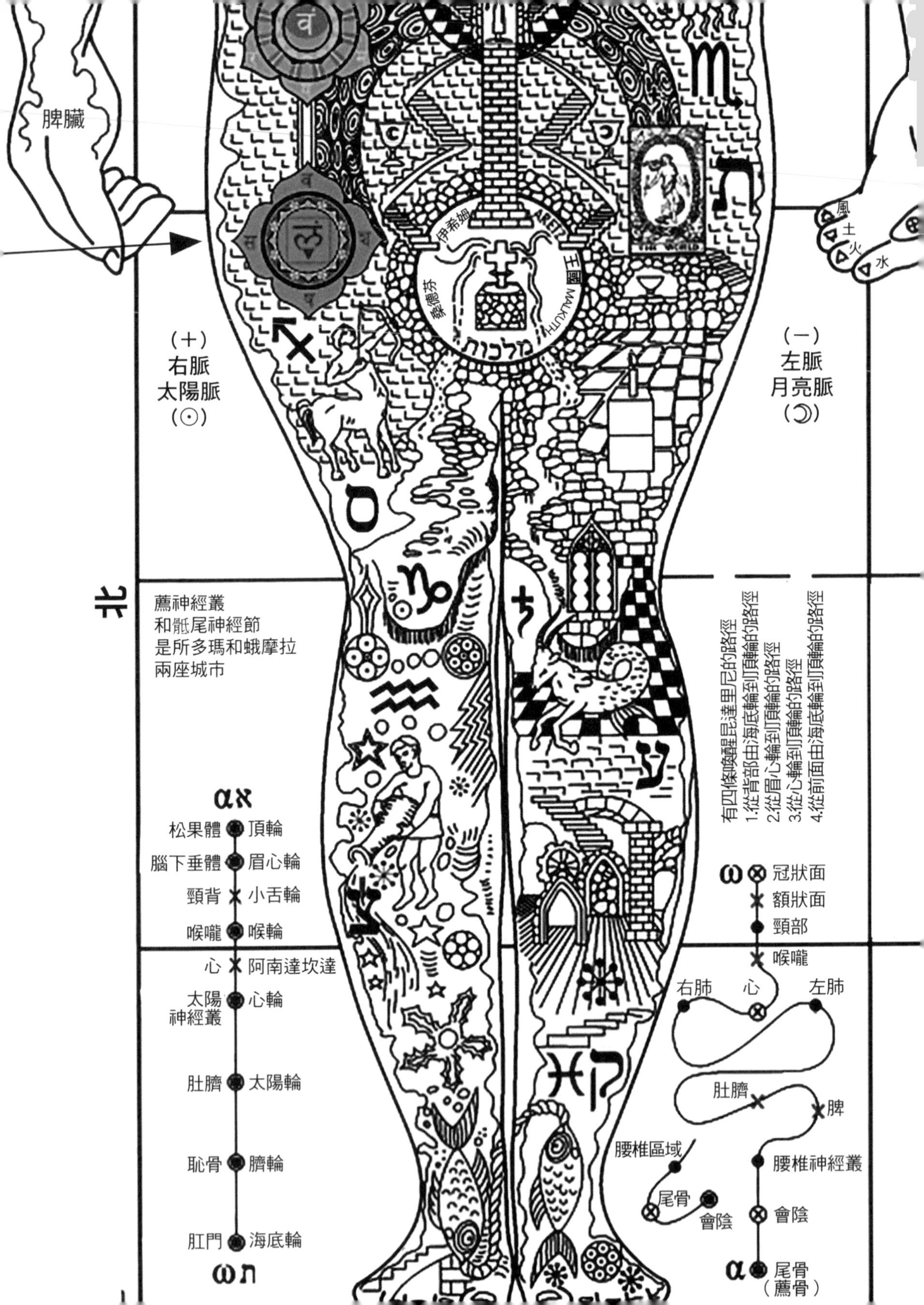
脾臟
風
土
火
水
AREIT
MALKUTH
王國
(+)
右脈
太陽脈
(☉)
(−)
左脈
月亮脈
(☽)
北
薦神經叢
和骶尾神經節
是所多瑪和蛾摩拉
兩座城市
有四條喚醒昆達里尼的路徑
1.從背部由海底輪到頂輪的路徑
2.從眉心輪到頂輪的路徑
3.從心輪到頂輪的路徑
4.從前面由海底輪到頂輪的路徑
αא
松果體 頂輪
腦下垂體 眉心輪
頸背 小舌輪
喉嚨 喉輪
心 阿南達坎達
太陽神經叢 心輪
肚臍 太陽輪
恥骨 臍輪
肛門 海底輪
ωת
ω 冠狀面
額狀面
頸部
喉嚨
右肺
心
左肺
肚臍
脾
腰椎區域
尾骨
會陰
腰椎神經叢
會陰
α 尾骨
（薦骨）

עולם ה עשיה
OLAM ASSIAH ה
行動的物質世界
秘密名稱和數字：
BEH-52
地－五角星形（金盤）－牛 ♉

地元素
土
觸覺
地精gnomes
角度：1°
聖言：BOOZ

I－質點10－王國
脈輪－海底輪
根部－4瓣
骶骨與尾骨神經叢
性腺與卵巢
基礎之廳堂（法規、建立）

四個元素-TATTVA

元素			福音	季節	聖靈的禮物	冥想	月相	一日時間	物質狀態
י	△	火	馬可	夏	剛毅/勇氣	蠟燭	滿	正午	磁漿
ה	▽	水	約翰	秋	恐懼	獨處	虧	下午	液態
ו	🜁	風	馬太	春	虔誠	斷食	新	早上	氣態
ה	🜃	地	路加	冬	忠告	靜默	蝕	晚間	固態

神秘的七個一組（脈輪秩序）

		天使	煉金術金屬	致命罪惡	神聖美德	脈輪	顏色	Solfeggio頻率
VII	♄	沙法爾	鉛	貪婪	慈善	頂輪	紫	963Hz
VI	♃	薩基爾	錫	暴食	節制	眉心輪	靛	LA-852Hz
V	♂	薩麥爾	鐵	憤怒	耐心	喉輪	藍	SOL-741 Hz
IV	☉	米迦勒	金	驕傲	謙虛	心輪	綠	FA-639 Hz
III	♀	漢尼爾	銅	色欲	忠貞	太陽神經叢	黃	MI-528 Hz
II	☿	拉斐爾	水銀	嫉妒	和善	臍輪	橘	RE-417 Hz
I	☽	加百列	銀	懶惰	勤奮	海底輪	紅	UT-396 Hz

煉金術的三個哲學原則

三原則		性別	三位一體	人類載具	行星	力量	三屬性	邏各斯
☿	水銀	女性	母（聖靈）	靈	月亮	被動	惰性	普拉納
🜍	硫磺	男性	父	魂	太陽	主動	動性	佛哈特
⊖	鹽	中性	子	身體（物質）	地球	中性	悅性	昆達里尼

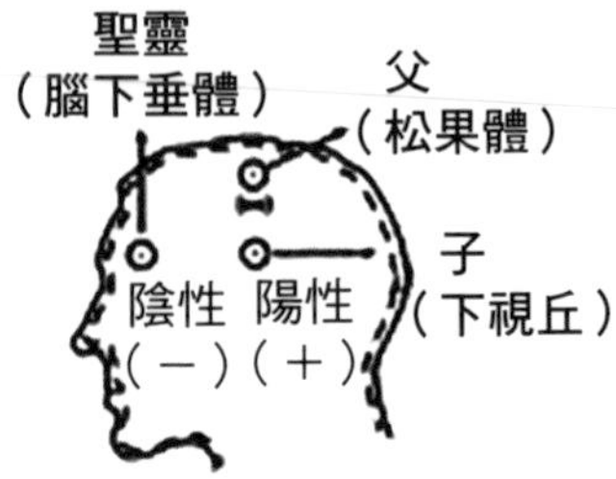

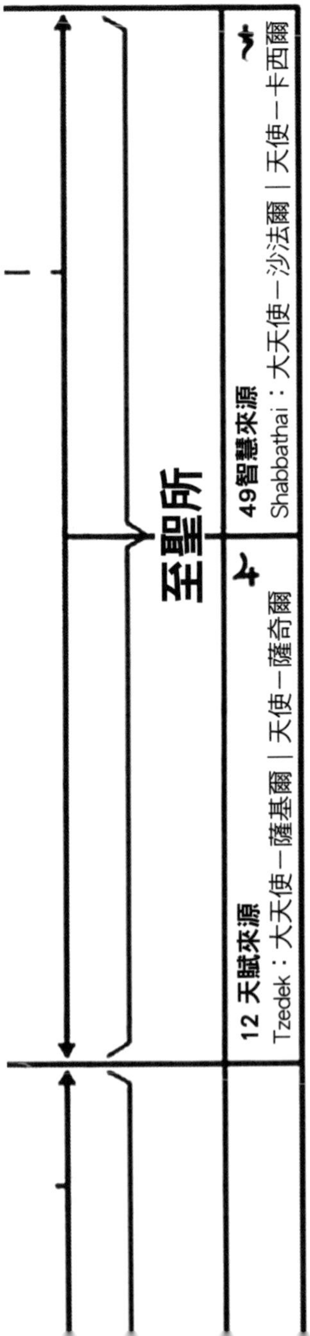

大腦

右半部的大腦ABEL（亞伯）
　與左半邊的身體相對應
左半部的大腦CAIN（該隱）
　與右半邊的身體相對應
右耳／左耳
右眼／左眼／嘴巴
右鼻孔／左鼻孔
第三腦室是王室
三位魔法師（智者）是
松果體／墨基奧（Melchior），第一張塔羅
　牌－力量魔法師
腦下垂體／巴爾大撒（Balthasar），第五張
　塔羅牌－永恆的魔法師
下視丘／卡斯帕（Caspar），第九張塔羅牌
　－虛空力量的魔法師
他們跟隨星星（第十七張塔羅牌）／具良心
　的靈魂來到伯利恆的麵包之家，處女在那
　裡生下耶書亞（耶穌）

頭部

前面（臉部）是帶電的－後面是帶磁性的
右半部是帶磁性的－左半部是帶電的
內部是帶電的

眼睛

前與後是中性的
左右都是帶電的
內部是帶磁性的

耳朵

前面與後面是中性的－右邊是帶磁性的
左邊是帶電的－內部是中性的

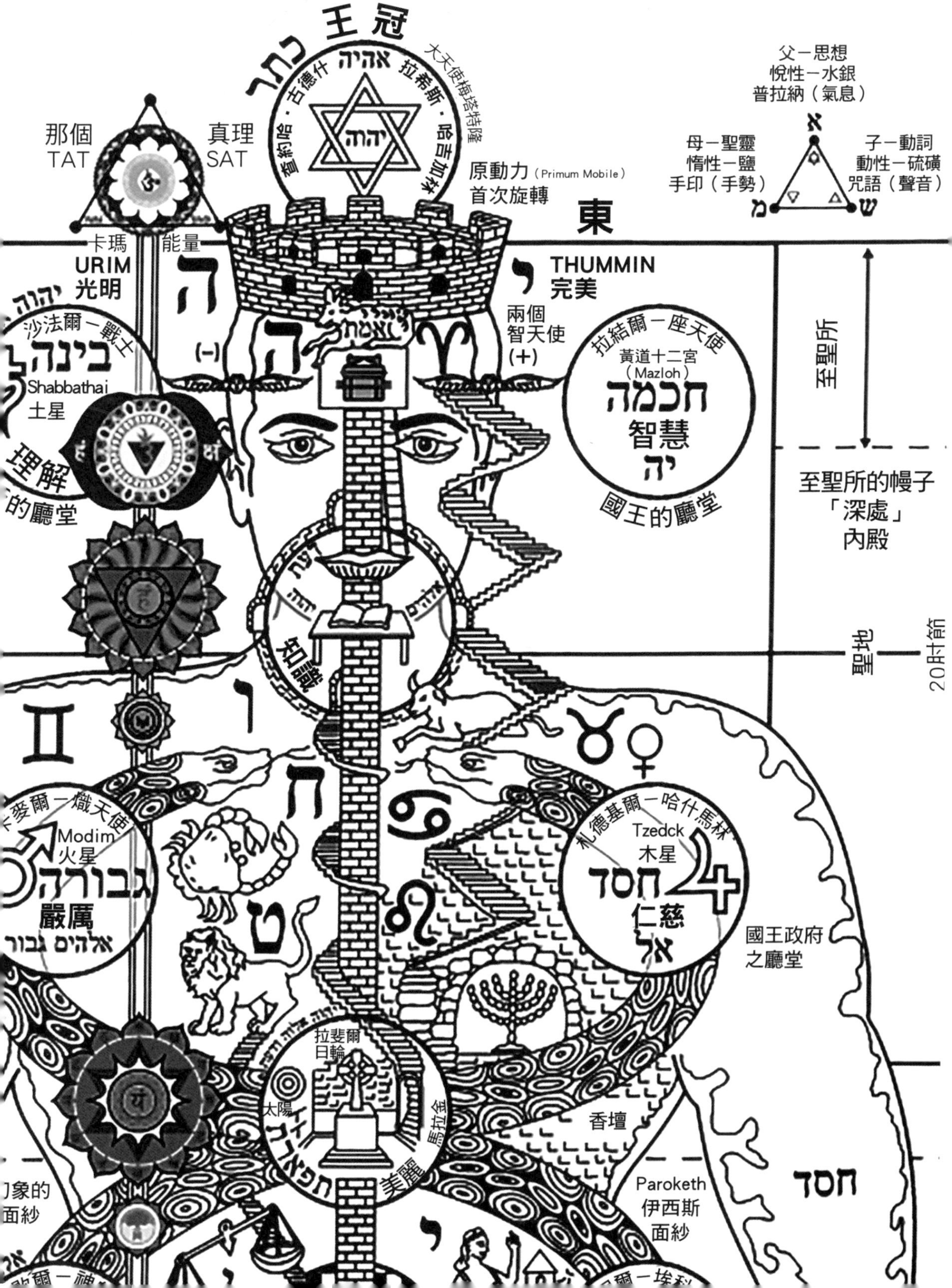

王冠
כתר
אהיה
查約哈・古德什
大天使梅塔特隆
拉希斯・哈吉加林
יהוה
那個
TAT
真理
SAT
原動力（Primum Mobile）
首次旋轉
東
父一思想
悅性一水銀
普拉納（氣息）
母一聖靈
惰性一鹽
手印（手勢）
子一動詞
動性一硫磺
咒語（聲音）
卡瑪
能量
URIM
光明
THUMMIN
完美
兩個
智天使
(−)
(+)
沙法爾一戰士
בינה
Shabbathai
土星
理解
的廳堂
拉結爾一座天使
黃道十二宮
（Mazloh）
חכמה
智慧
יה
國王的廳堂
至聖所
至聖所的幔子
「深處」
內殿
知識
聖地
20肘節
卡麥爾一熾天使
Modim
火星
גבורה
嚴厲
אלהים גבור
札德基爾一哈什馬林
Tzedck
木星
חסד
仁慈
אל
國王政府
之廳堂
拉斐爾
日輪
太陽
馬拉金
美麗
תפארת
香壇
幻象的
面紗
Paroketh
伊西斯
面紗
חסד

聖殿

45 天賦來源
Shemesh：大天使－拉斐爾｜天使－米伽勒

36 智慧來源
Madim：大天使－卡麥爾｜天使－薩麥爾

12 天賦來源
Tzedek：大天使－薩基爾｜天使－薩奇爾

口與舌
前與後是中性的
左右是中性的－內部是帶磁性的

頸部
前與後和右邊是帶磁性的
左邊是帶電的－內部是帶電的

胸部
前面是電磁的－右邊是中性的
左邊是帶電的－內部是中性的

後面（肩膀）
是帶電的

腹部
前面與左邊是帶電的
後面與部分右邊是帶磁性的
內部是帶磁性的

手
前與後（掌心）是中性的
右邊是帶磁性的－左邊是帶電的
內部是帶中性的

右手指
前與後是中性的－右邊是帶電的
左邊是帶電的－內部是中性的

左手指
前與後是中性的－右邊是帶電的
左邊是帶電的－內部是中性的

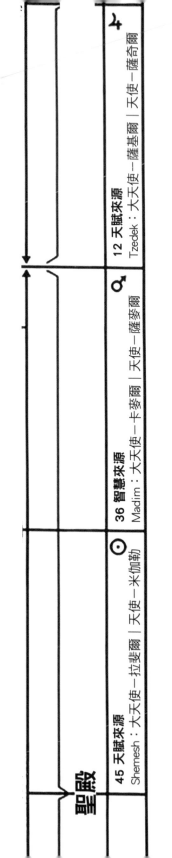

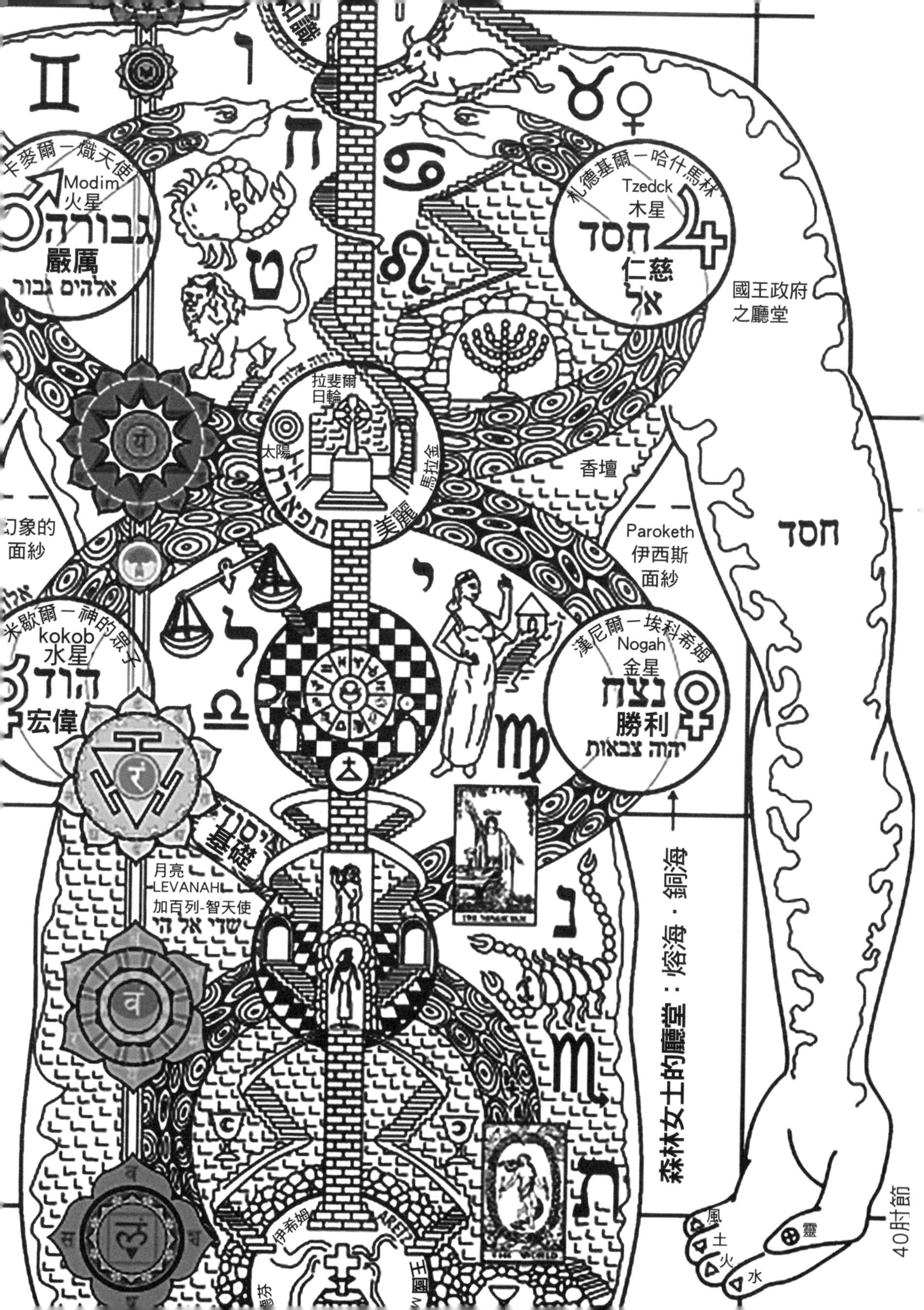
卡麥爾一熾天使
Modim
火星
גבורה
嚴厲
אלהים גבור
札德基爾一哈什馬林
Tzedck
木星
חסד
仁慈
אל
國王政府之廳堂
拉斐爾
日輪
太陽
馬拉金
תפארת
美麗
香壇
幻象的面紗
Paroketh
伊西斯
面紗
חסד
米歇爾一神的眾子
kokob
水星
הוד
宏偉
漢尼爾一埃科希姆
Nogah
金星
נצח
勝利
יהוה צבאות
יסוד
基礎
月亮
LEVANAH
加百列-智天使
שדי אל חי
森林女士的廳堂：熔海．銅海
伊希姆
風
土
火
水
靈
40肘節

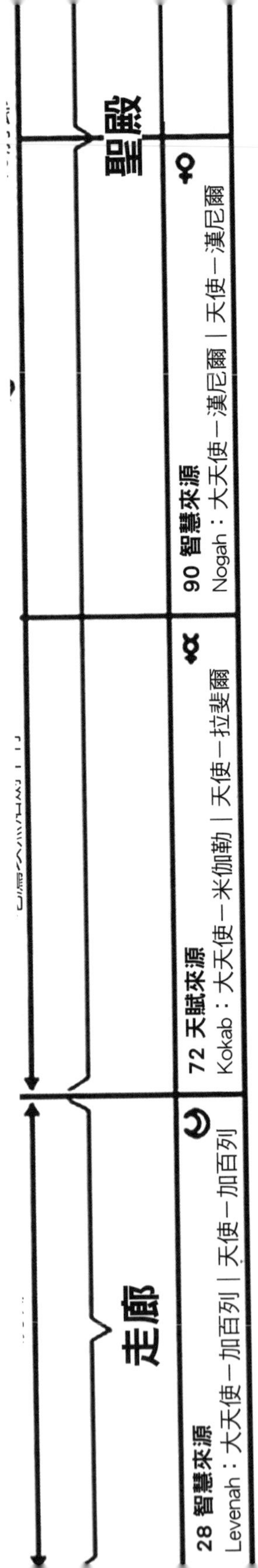

腳

前與後是中性的
右邊是帶磁性的－左邊是帶電的
內部是中性的

男性器官

前面是帶電的－底部是中性的
右邊與左邊是中性的
內部是帶磁性的

女性器官

前面是帶磁性的－後面是中性的
右邊與左邊是中性的
內部是帶電的

鄰近肛門的尾椎骨

前面與後面是中性的
右邊與左邊是中性的
內部是帶磁性的

人體的神秘學，與電流和磁流體有關。這個隱藏的知識將為磁療師帶來優勢，因為根據疾病的中心，人們可以使用電流或磁液來治療身體的患病部位。

——弗朗茨·巴登（Franz Bardon），《赫爾墨斯入門》（魔法實踐）

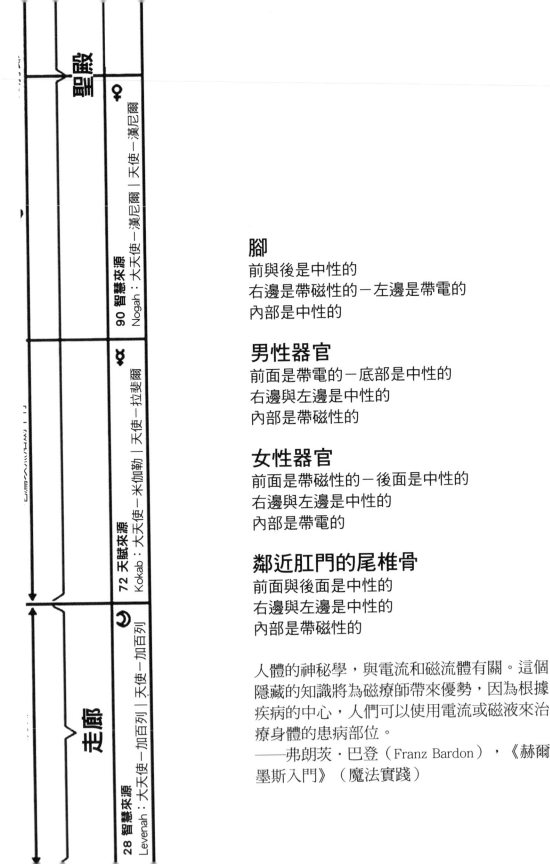

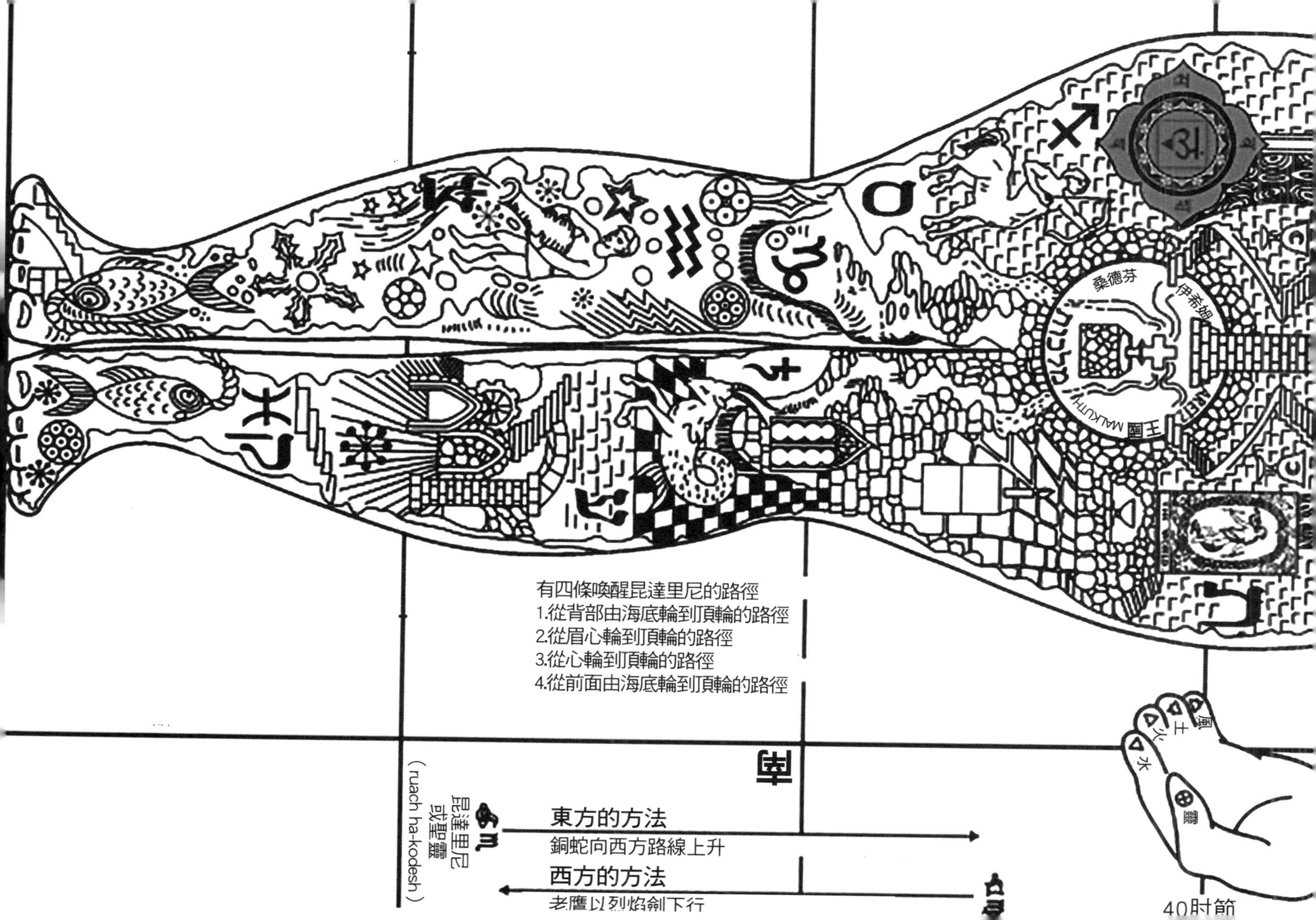

桑德芬
伊希姆
王國
MALKUTH
ARETZ
有四條喚醒昆達里尼的路徑
1.從背部由海底輪到頂輪的路徑
2.從眉心輪到頂輪的路徑
3.從心輪到頂輪的路徑
4.從前面由海底輪到頂輪的路徑
南
風
土
火
水
靈
昆達里尼
或聖靈
（ruach ha-kodesh）
東方的方法
銅蛇向西方路線上升
西方的方法
老鷹以烈焰劍下行
40肘節

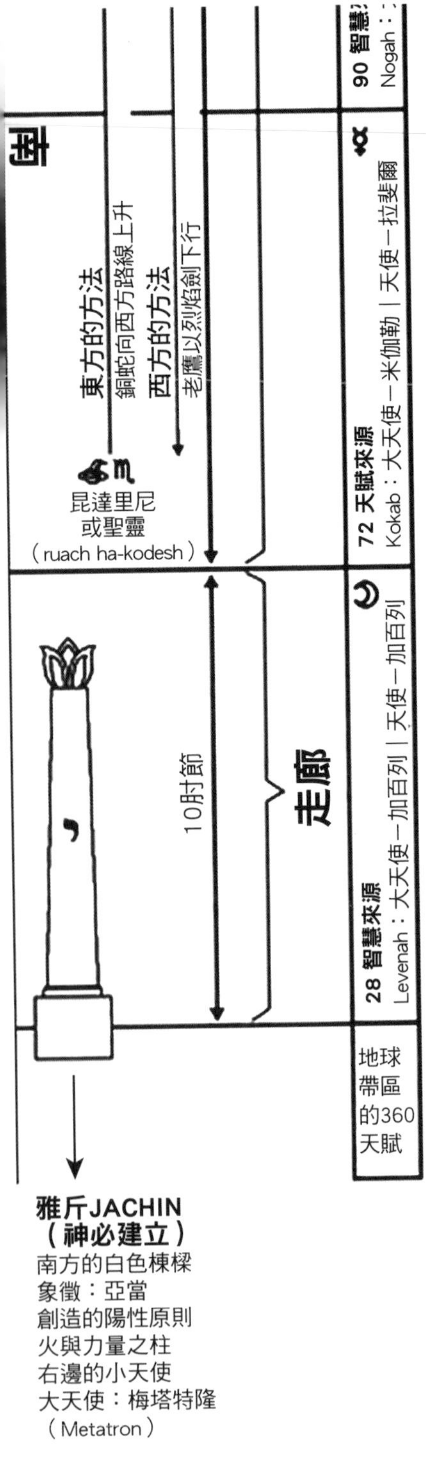

備註：

此圖基於「阿卡德巴比倫人」的內在傳統，即希伯來傳統（迦勒底）。經過亞歷山大的學校過濾，並始終向西方傳播，它們與凱爾特－德魯伊傳統混合在一起，並透過偉大凱爾特三合會的介入而給予我們。

這就是為什麼所羅門聖殿兩根柱子上盤繞的兩條蛇的路徑，不同於印度教傳統（東方）的兩條蛇。在印度教傳統中，兩條經脈是左脈和右脈，上升到眉毛和鼻子間的空間（眉心輪）。

在迦勒底德魯伊傳統西方中，兩條蛇從原始海洋升起，上升到證詞聖殿或塔樓大廳。

它們盤繞在寺廟的兩根柱子上，那裡有火柱和水柱。

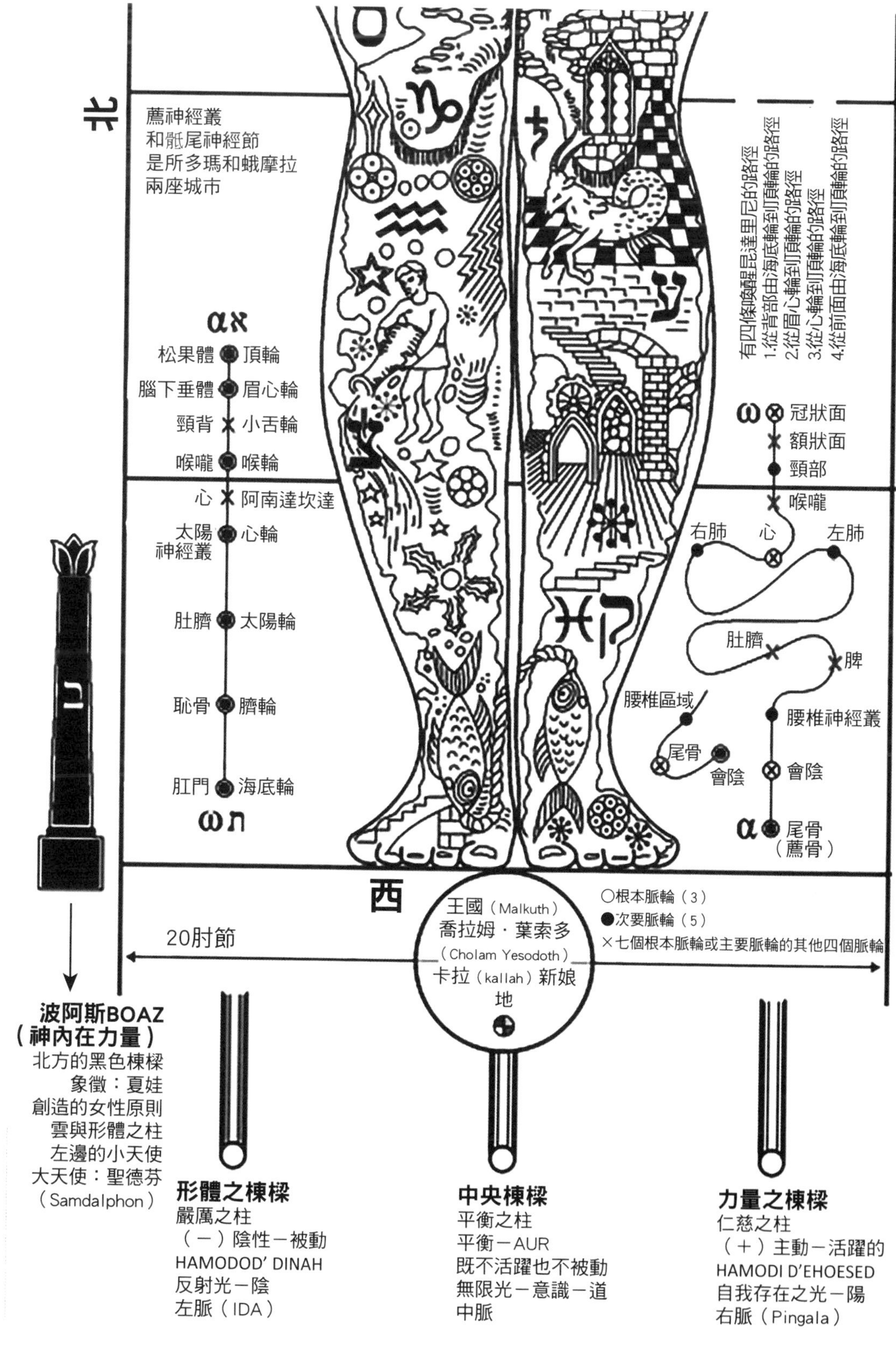
北
薦神經叢
和骶尾神經節
是所多瑪和蛾摩拉
兩座城市
有四條喚醒昆達里尼的路徑
1.從背部由海底輪到頂輪的路徑
2.從眉心輪到頂輪的路徑
3.從心輪到頂輪的路徑
4.從前面由海底輪到頂輪的路徑
αא
松果體 頂輪
腦下垂體 眉心輪
頸背 小舌輪
喉嚨 喉輪
心 阿南達坎達
太陽神經叢 心輪
肚臍 太陽輪
恥骨 臍輪
肛門 海底輪
ωת
ω 冠狀面
額狀面
頸部
喉嚨
右肺
心
左肺
肚臍
脾
腰椎區域
腰椎神經叢
尾骨
會陰
會陰
α 尾骨（薦骨）
西
王國（Malkuth）
喬拉姆・葉索多
（Cholam Yesodoth）
卡拉（kallah）新娘
地
○根本脈輪（3）
●次要脈輪（5）
×七個根本脈輪或主要脈輪的其他四個脈輪
20肘節
波阿斯BOAZ
（神內在力量）
北方的黑色棟樑
象徵：夏娃
創造的女性原則
雲與形體之柱
左邊的小天使
大天使：聖德芬
（Samdalphon）
形體之棟樑
嚴厲之柱
（－）陰性－被動
HAMODOD' DINAH
反射光－陰
左脈（IDA）
中央棟樑
平衡之柱
平衡－AUR
既不活躍也不被動
無限光－意識－道
中脈
力量之棟樑
仁慈之柱
（＋）主動－活躍的
HAMODI D'EHOESED
自我存在之光－陽
右脈（Pingala）

空元素（AKASHA）
－靈（以太）
TELESMA⊕
AETHER AUR
風元素（VAYU）
－風（呼吸）
YHWH ♒
ORO IBAH AOZPI
水元素（APAS）
－水（MEM）
EL ♏
EMPEH AASEL GAIOL
土元素（PRITHVI）
－土（ARETZ）
ADONAI ♉
EMOR DIAL HECTEGA
火元素（TEJAS）
－火（ASH）
ELOHIM ♌
CNP TEAA PEDDCE

SON 子
FATHER 父
HOLY SPIRIT 聖靈

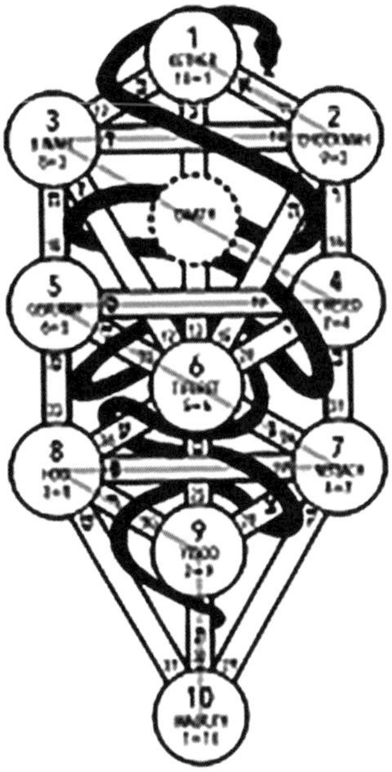
1
2
3
4
5
6
7
8
9
10

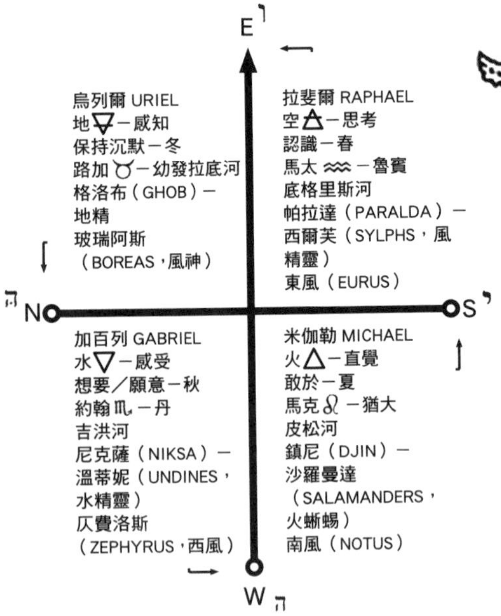
E
烏列爾 URIEL
地🜃－感知
保持沉默－冬
路加 ♉－幼發拉底河
格洛布（GHOB）－
地精
玻瑞阿斯
（BOREAS，風神）
拉斐爾 RAPHAEL
空🜁－思考
認識－春
馬太 ♒－魯賓
底格里斯河
帕拉達（PARALDA）－
西爾芙（SYLPHS，風
精靈）
東風（EURUS）
N
S
加百列 GABRIEL
水🜄－感受
想要／願意－秋
約翰 ♏－丹
吉洪河
尼克薩（NIKSA）－
溫蒂妮（UNDINES，
水精靈）
仄費洛斯
（ZEPHYRUS，西風）
米伽勒 MICHAEL
火🜂－直覺
敢於－夏
馬克 ♌－猶大
皮松河
鎮尼（DJIN）－
沙羅曼達
（SALAMANDERS，
火蜥蜴）
南風（NOTUS）
W

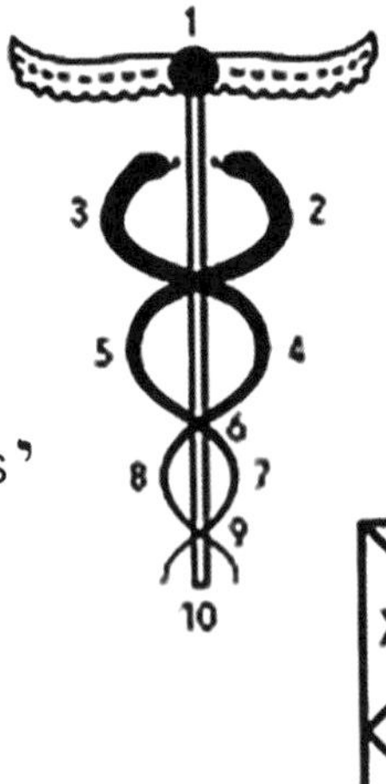
1
3
2
5
4
6
8
7
9
10

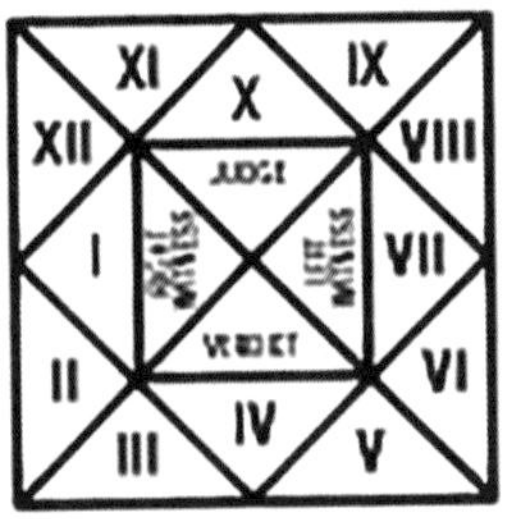
XI
X
IX
XII
VIII
JUDGE
I
VII
VERDICT
II
VI
III
IV
V

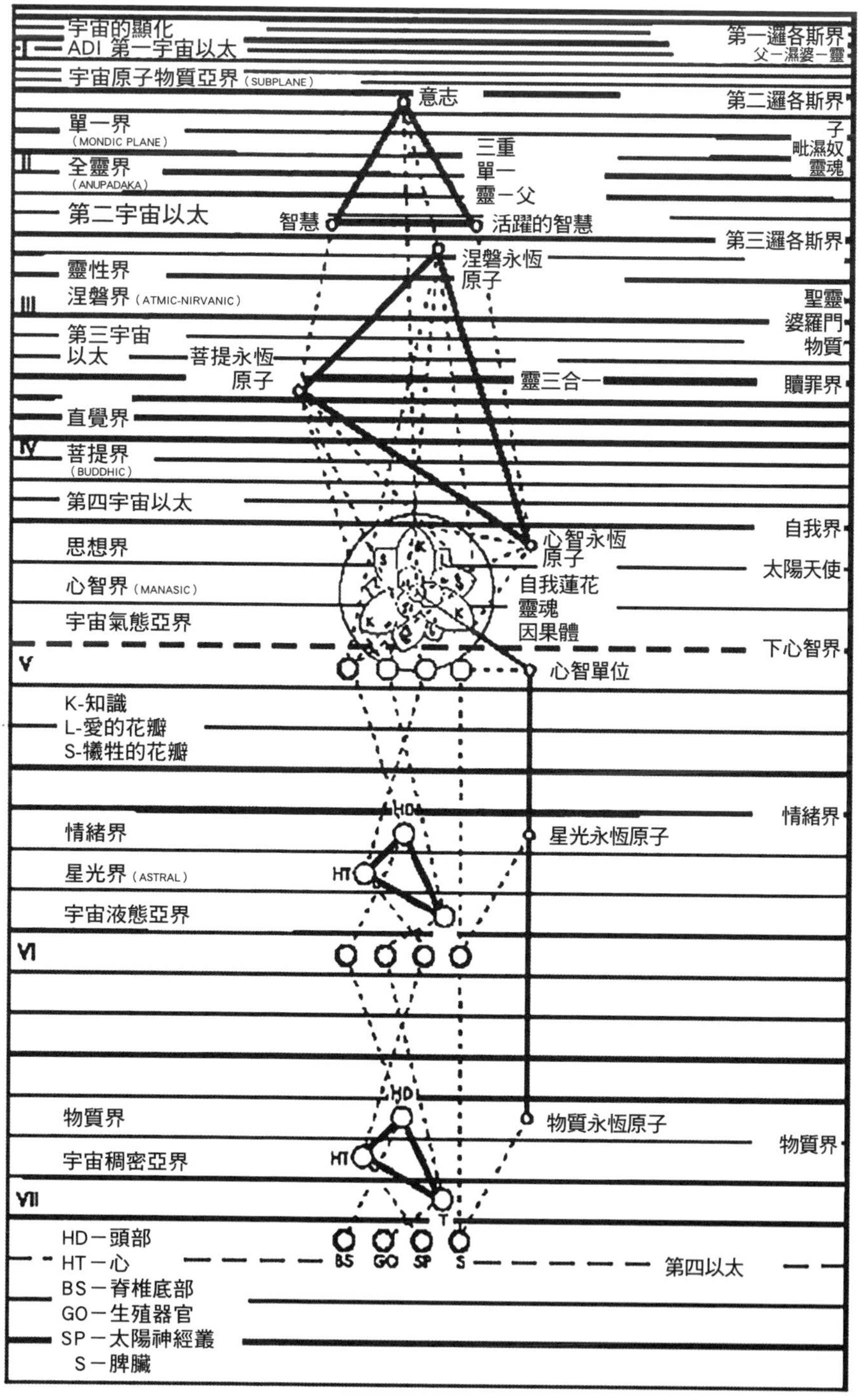
宇宙的顯化
ADI 第一宇宙以太
宇宙原子物質亞界（SUBPLANE）
第一邏各斯界
父－濕婆－靈
意志
第二邏各斯界
單一界
（MONDIC PLANE）
全靈界
（ANUPADAKA）
第二宇宙以太
三重
單一
靈－父
子
毗濕奴
靈魂
智慧
活躍的智慧
第三邏各斯界
涅磐永恆
原子
靈性界
涅磐界（ATMIC-NIRVANIC）
第三宇宙
以太
菩提永恆
原子
聖靈
婆羅門
物質
靈三合一
贖罪界
直覺界
菩提界
（BUDDHIC）
第四宇宙以太
思想界
心智界（MANASIC）
宇宙氣態亞界
心智永恆
原子
自我蓮花
靈魂
因果體
自我界
太陽天使
下心智界
心智單位
K-知識
L-愛的花瓣
S-犧牲的花瓣
情緒界
星光界（ASTRAL）
宇宙液態亞界
星光永恆原子
情緒界
物質界
宇宙稠密亞界
物質永恆原子
物質界
HD－頭部
HT－心
BS－脊椎底部
GO－生殖器官
SP－太陽神經叢
S－脾臟
第四以太

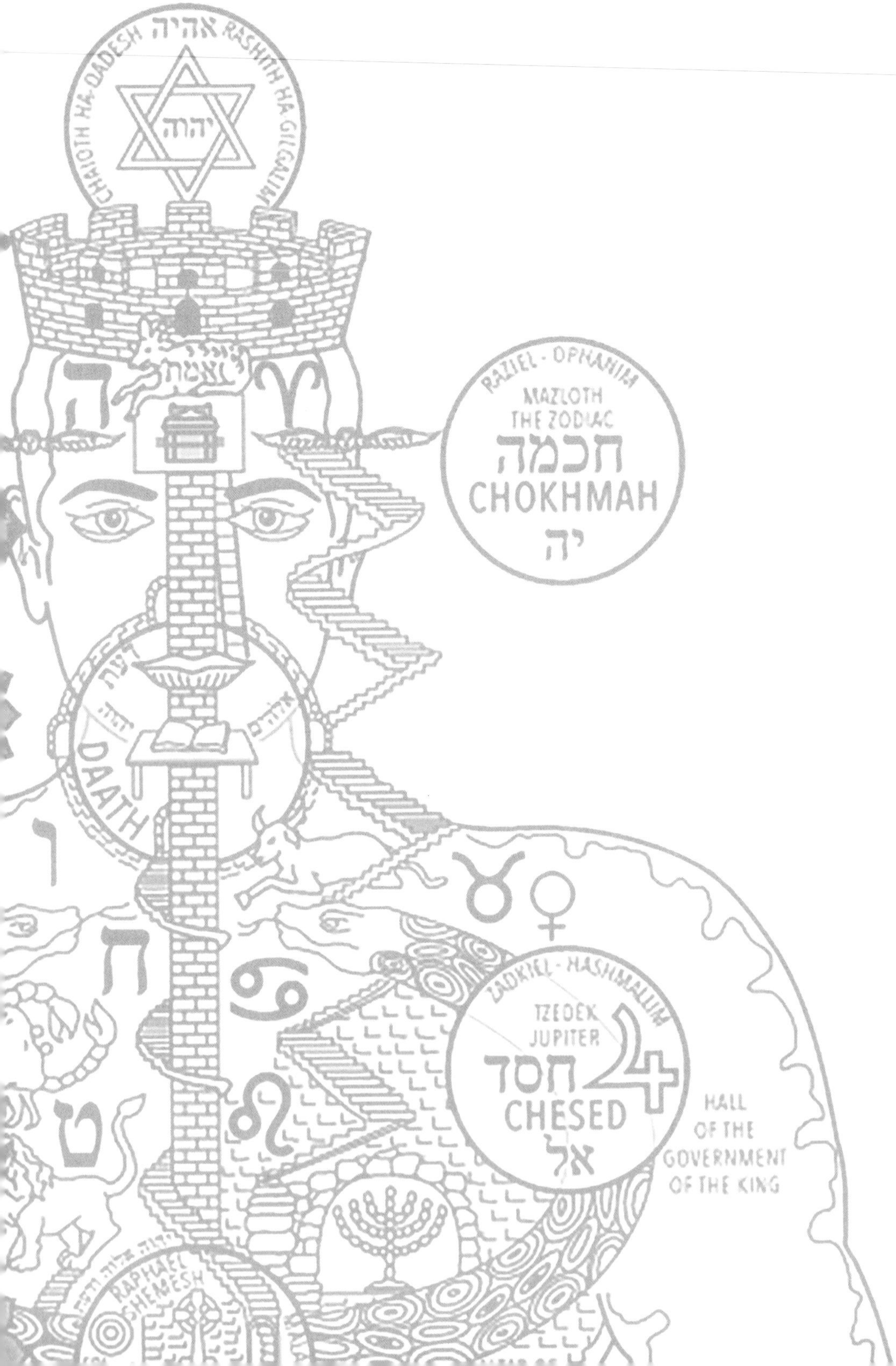

CHAIOTH HA-QADESH אהיה RASHITH HA-GILGALIM
יהוה
RAZIEL - OPHANIM
MAZLOTH
THE ZODIAC
חכמה
CHOKHMAH
יה
DAATH
ZADKIEL - HASHMALIM
TZEDEK
JUPITER
חסד
CHESED
אל
HALL
OF THE
GOVERNMENT
OF THE KING
RAPHAEL
SHEMESH

第1部

象徵主義中的人體

《聖經》告訴我們，人類是按照上帝的形象創造的，而且不只是基督教的《聖經》這麼描述，幾乎所有開悟者所著的聖典都這麼說。

猶太族長教導說，人體是個微觀宇宙（或說小宇宙），是依照宏觀宇宙（或說大宇宙）的形象所創造的。

有限與無限之間的類比，據稱是能幫助我們解開聖典奧秘的關鍵之一。

毫無疑問，《舊約聖經》對那些有能力從科學觀點來研讀的人而言，是一部生理和解剖學的教科書。

古代世界的智者一直都將人類身體的功能、人類心智的特質、人類靈魂的品質等人格化，他們與自己，以及彼此之間的關係，也一向是許多偉大故事的中心。人類的類比法則概念，應歸功於偉大的埃及半神赫米斯（Hermes）。

偉大的赫米斯公理即是：其上如其下，其下如其上。

古代世界的宗教皆以自然崇拜為基礎，其殘存的退化形式就是肉體的陽具崇拜。對人體部位和功能的崇拜，始於列穆里亞時代❶的後期。在亞特蘭提斯時代❷，這種宗教形式退位，由太陽崇拜取而代之，但是也融入到新的信仰之中，其教義中便有許多早前信仰的儀式和象徵。

以人體的形象來建造廟宇，是常見於所有民族的習俗，例如猶太人的會幕（Tabernacle）、埃及的卡納克神殿（Karnak）、夏威夷祭司的宗教建築，以及設計為十字架形式的基督教教堂，都是實際的例子。如果人體展開雙臂，對應這其中一種建築物的形狀，我們會發現，主祭壇在建築物中占據的位置，與大腦在人體中占據的位置相同。

古代世界的所有神職人員都是解剖學家，他們認知到自然界的所有功能都在人體上被微型複製了，因此以人為教科書來教導門徒，只要了解人，就能了解宇宙。這些智者相信，天上的每一顆星星，地球上的每一個元素，以及自然界中的每一種功能，都能體現為人體內所對應的中心、極點或活動。

這種外在自然與人類內在本質之間的相互關聯，是隱密的、不為大眾所知的，這成了古代神職人員權術中的秘密教誨。

❶ Lemurian，馬雅人推測的地球第三次文明。

❷ Atlantcan，地球第四次文明。

比起今天，亞特蘭提斯和埃及的宗教在當時受到更嚴肅的對待，它是人民的生活中心。祭司們對數百萬名無知男女擁有完全的控制權，人們從小被教導說，這些身穿長袍、蓄著鬍鬚的人是上帝直接派來的使者。

人們相信，若對祭司的命令有任何不服從，全能上帝的憤怒必會降臨到違犯者頭上。神廟的維護依賴其秘密智慧，而這賦予了祭司對某些自然力量的控制權，使他們在智慧和理解上都遠遠超越了其所控制的凡夫俗子。

這些智者了解，宗教的意義並不只是唱誦咒語、演唱讚美詩；他們領悟到，只有那些對身體神秘功能具有實用與科學知識的人，才能成功走上救贖之路。

他們為了延續這份理解而演變來的解剖學象徵主義，可以歸結為現代基督教，但其中的關鍵顯然已經遺失。

對宗教信徒來說，這是一個很可悲的情況，他們周遭充斥著數百個令人費解的符號，而更悲哀的是，除了自己捏造的愚蠢詮釋之外，他們已經忘了這些象徵符號曾是有意義的。

基督徒心中普遍存在著一種概念，認為他們的信仰是唯一真正受到神聖啟發的教理，它無法溯源、橫空出世地來到這個世界上，但這是極其不合理的。

一份比較宗教的研究報告，明確證明了基督教不擇手段地用討、借或偷的方式，吸取了古代和中世紀異教徒世界的宗教與哲學概念。

這些早在基督教到來之前就屬於這個世界的宗教象徵和寓言裡，有一些是我們想請你特別留意的。以下是源自異教的基督教象徵與概念：

基督教的十字架源自埃及和印度；
三重冕來自密特拉教（Mithraics）信仰；
牧羊人的手杖來自赫米斯神秘學和希臘；「聖母無染原罪說」來自印度；
「顯聖容」來自波斯；三位一體來自婆羅門。
做為「上帝之母」的聖母瑪利亞，則存在於幾十種不同的信仰中；
被釘在十字架上的救世主多達二十多位；
教堂的尖塔是取材自埃及方尖碑和金字塔；
而基督教的魔鬼是經過一些改版的埃及提豐❸。

❸ Typhon，現今資料中多稱他是希臘的怪物巨人，可能源自埃及的賽特神。

一個人越是深入探討這個問題，就越能體會太陽底下無新鮮事的道理。若對基督教信仰進行真正誠實的研究，無疑會證明它是原始宗教教義進化後的產物。

宗教也會進化，一如物質形態。如果我們能接受並將來自近乎四十個民族的宗教象徵意義，納入我們的教義中，那麼理應能夠了解（至少部分）所借用的那些神話和寓言的意義，避免讓自己變得比所防備的那些人更無知。

這本書的目的，是解釋古代神職人員的知識與人體神秘功能的象徵意義之間所存在的關係。

我們首先要了解，所有聖典都應該以七個印來封印。換句話說，需要七個完整的詮釋，才能充分了解這些古代哲學（也就是所謂的聖典）所啟示的意義。

宗教經文無意成為歷史資料，那些僅理解其字面意義的人，是最不了解其真正意義的。

眾所周知，莎士比亞基於戲劇上的原因，在戲劇裡聚集了實際上生活相隔數百年的人物，但莎士比亞並非在寫歷史，他所寫的是戲劇。對《聖經》來說，也是同樣的道理。

《聖經》已經讓歷史學家無可救藥地陷入一份自相矛盾的年表之中，而且大多數的歷史學家仍會繼續深陷其中，直到審判日那一天。

《聖經》為辯論提供了絕佳的主題，也在各種詞彙的含義和不明城市的可能地點方面，提供了在枝微末節上爭論不休的基礎。

現今許多導遊所指出的地標，是在耶穌基督誕生數百年後由朝聖者命名的，因為他們懷疑那些地方接近《聖經》中所提到的地點。這一切可能對有些人而言具有說服力，但是對思想家來說，這是一個確切的證據，證明了歷史是《聖經》中最微不足道的一部分。

當君士坦丁大帝的母親海倫娜皇后（Empress Helena）在西元三二六年造訪耶路撒冷時，她發現不僅基督教的所有痕跡早已消失殆盡，還有一座供奉女神維納斯的廟宇，佇立在現在稱為加略山（Mount Calvary）的山上。

耶穌基督死後不到四百年，「聖地」顯然已經沒有人聽過他！這並不表示他從未活過，但這顯示了現代基督教賦予他的奇蹟光環和超自然氛圍，在很大程度上是虛構的神話。

一如其他所有宗教，基督教信仰累積了大量奇異而虛幻的傳說，而這成為它本身最大的敵人，因為他們將拿撒勒（Nazareth）這位愛護同胞的單純道德家❹，包覆在一個偶像崇拜的結構裡，而這個結構不愛任何人，只講求自利。

正如印度的釋迦牟尼佛僅是改革了當時的婆羅門理念，耶穌也僅是重塑了以色列的信仰，為他的門徒和世界傳授了一套基於前人的教義，而他只是加以改造，以滿足周遭人的需求與猶太民族所面臨的問題。

教育耶穌的艾賽尼派（Essenes）出身自埃及或印度教背景，因此他的信仰融合了過去時代的精華。後世所保存關於耶穌的紀錄，大多是寓言，但是頭腦簡單的人卻被這些寓言拖進一片超自然主義的茫茫大海之中。

然而，這並非完全沒有目的，因為如同莎士比亞恣意扭曲歷史，是為了呈現重要的真相，所以研究耶穌的歷史學家，也似乎利用這個人物的性格，做為一部偉大戲劇的基石。

耶穌成為七封印故事的英雄，而那些研究過象徵主義的基督徒，可以從這個故事裡獲得理解基督教真正奧秘的鑰匙。他們將會了解到《聖經》是一部永恆的歷史，它不屬於任何國家或民族，而是屬於所有國家和民族的故事。

❹ 指耶穌，拿撒勒是耶穌的出生地。

例如，從天文學角度研究耶穌基督的生平，就是件非常奇妙的事，因為他成為太陽，而他的門徒成為黃道十二宮。

在所有星座中，我們會發現他佈道的場景，在歲差中看見他的出生、成長、成熟和為人類死亡的故事。

再次，將故事蒸餾後所得到的化學物質，進一步向我們揭露了這位大師的生活，因為有了化學的鑰匙，《聖經》成為另一本書。然而，在這個特定的工作中，我們只能關心這些寓言與人體之間的關係。

我們發現，福音書中的耶穌基督生平，一直以來都被傳統制式化，直至與數十位救世主的生平完美契合，因為他們全都是天文學和生理學相關的神話。這些神話全是從遠古流傳至今的，遠古的原始種族以人體為象徵單位，諸神與魔鬼是身體器官和人體功能的擬人化。一些卡巴拉❺作家將聖地描製在人體上，以不同城市做為人類意識的各個中心。

那些願意深入探討這些古老奧秘的人會發現，這是個很精彩的研究。我們不指望這些討論能涵蓋所有面向，但如果你能從此獲得理解這份奧秘的鑰匙，希望你能遵循這個思維，直到你能全面了解，並至少解開《啟示錄》中的一個封印。

❺ Cabalism，是與猶太哲學觀點有關的思想，用來解釋永恆的造物主與有限的宇宙之間的關係。

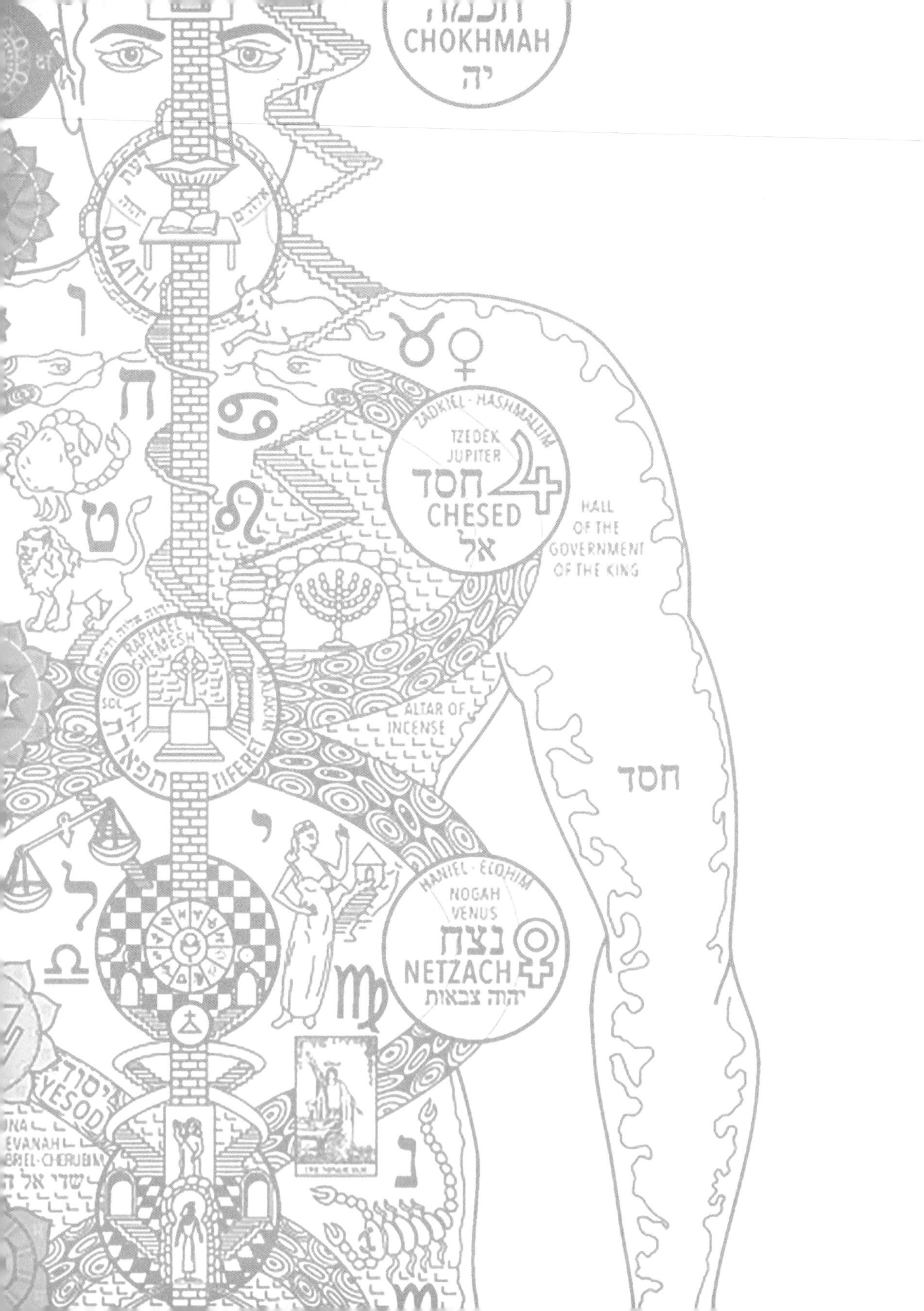

חכמה
CHOKHMAH
יה
DAATH
ZADKIEL · HASHMALIM
TZEDEK
JUPITER
חסד
CHESED
אל
HALL
OF THE
GOVERNMENT
OF THE KING
RAPHAEL
SHEMESH
SOL
תפארת
TIFERET
ALTAR OF
INCENSE
חסד
HANIEL · ELOHIM
NOGAH
VENUS
נצח
NETZACH
יהוה צבאות
יסוד
YESOD

第2部

三個世界

SATURN
BINAH
MADIM
MARS
GEVURA
LUNGS
THYMUS GLAND
גבורה
KOKAB
MERCURY
HOD
PANCREAS AND ADRENAL GLANDS TO THE UMBILICAL PLEXUS

根據神秘學派的說法，人體分為三個主要的部分，以此類推，外在的宇宙據稱是由三個世界所組成：天堂、人間、地獄。

天堂是個更優越的世界，而且基於某種不明原因，應該在上方，儘管英格索爾（Ingersoll）已確切證明了地球因為自轉的關係，上下位置不斷在改變。

幾乎所有宗教都教導「神住在天上」，宗教成員被教導要相信神是高高在上的，因此他們會將手舉高來祈禱，在向神懇求或祈願時仰望天空。在一些民族中，神應該要居住在山頂，那是世上最高的地方。無論神在哪裡，或是什麼身分，神的居所都是高高在上的，讓底下的世界相形見絀。

在上方的天堂和底下的地獄之間是地球，斯堪地納維亞人稱之為「米德加德」（Midgard），或中間花園。

它懸浮在太空中，形成人類和其他生物的棲身之處，而且透過一座彩虹橋與天堂相連，眾神也是從彩虹橋上降臨的。

據稱，地球的火山口和裂縫，將它與地獄以及荒涼的黑暗之地連接起來。在這裡，如同德國作家歌德（Goethe）所說的，「天地主宰之間」存在著自然。碧綠草原，潺潺流水，浩瀚海洋，都只存在於這個中間世界，這可謂一個中立之地，善與惡的大軍在這裡進行著永恆的末日之戰。

在下方，充斥著黑暗與火焰、痛苦與折磨，是冥界❻，我們將它詮釋為地獄。

它是無邊的底下之處；由於我們堅信天堂在上，因此也認為地獄在下，而這個中間的地方（地球）似乎是它們之間的分界線。

地獄裡充斥著邪惡、撕裂、揪扯、破壞的力量，它們總是為地球帶來悲傷，也總是不斷在奮力推翻天上眾神的寶座。

整個系統就是一個解剖學的神話，因為古人的天堂世界，亦即山頂上的圓頂神廟，就是一個裝著神聖內容物的頭骨。這是人體中的眾神居所。**它的名稱由來，也是因為它位於人體脊柱的北端**。

統治地球的眾神神廟，據說位於北極，順便一提，那裡也是聖誕老人的家，因為北極代表行星主的脊柱正極之端。

在聖誕的季節，亦即一年中大自然走向死亡之際，聖誕老人會帶著常青（聖誕樹）嫩枝從煙囪爬下來，若想對此研究，可以從共濟會的角度獲得很好的解釋。

❻ Hel，赫爾，即死亡及冥府女神之名。

大腦和脊柱的神聖意涵

在曠野中落下，餵飽以色列子民的嗎哪（manna），也是類似的道理，因為這個嗎哪是一種從大腦沿著脊髓流下的物質。

印度教徒以神聖蓮花的莖做為脊柱的象徵，因此頭骨和其內容物都以花來象徵。

脊柱是雅各連接天和地的梯子，它的三十三節是共濟會的等級和耶穌基督生命的歲數。從這三十三節往上走，候選人的意識會提升，抵達位於山頂的啟蒙聖殿。

正是在這個地板上有一個洞（枕骨大孔）的圓頂房間裡，人們獲得偉大奧秘的啟蒙。喜馬拉雅山脈拔地而起，代表著肩膀和人體的上半部。它們是世界上最高的山脈。在其山頂的某個地方，矗立著一座神殿，坐落在阿特拉斯❼的肩膀上（如同希臘人的天堂）。

有趣的是，寰椎❽是人體脊柱的上椎骨，是頭骨的髁突坐落的位置。

❼ Atlas，希臘神話的擎天神，以雙肩支撐著天。

❽ 英文名正是以 atlas 命名。

大腦中有許多洞（腦室和皺褶），在這些洞穴裡（據東方傳說所述）住著一些智者，也就是瑜珈士和隱士。據說瑜珈士的洞穴位於恆河源頭。

每個宗教都有一條神聖的河流。

對印度教徒來說就是恆河。

對埃及人來說是尼羅河；

對基督徒來說是約旦河；

神聖的河流就是椎管，發源於山脈群峰之間。閉關靜修中的聖人，代表人類大腦中的靈性意象，是《古蘭經》中的七個沉睡者，在靈（spirit）賦予他們活力之前，他們都必須待在黑暗的洞穴裡。

大腦是福音書中提到的，耶穌與門徒會面的樓上房間，據說門徒本身就象徵了大腦的十二個腦迴（皺褶）。就是這十二個腦迴隨後透過神經，將訊息傳送到下面的身體進行轉換（convert），令外邦人改信，或是在中土世界傳福音。

這十二個腦迴聚集在大腦的中央開口（第三腦室）周圍，那裡就是至聖所（施恩座），在天使展開的翅膀之間，耶和華與大祭司交談；不分晝夜，神的榮耀（Shekinah）都在該處盤旋。

從這一點開始，靈最終從各各他（Golgotha），也就是頭骨裡的地方上升。通靈得出的事實是，靈不只透過頭頂離開身體，也從該處進入身體，可能因而誕生了聖誕老人和煙囪的故事。

人的三位一體活在身體的三個大腔室中，它們從那裡散發出能量，影響力遍及三個世界。

這些中心分別是大腦、心臟和生殖系統，它們是金字塔的三個主要房間，也是共濟會會所（Blue Lodge Masonry）中會員獲得學徒（Entered Apprentice）、技工（Fellowcraft）和導師（Master Mson）三等級學位的地方。

這三個房間裡住著聖父、聖子和聖靈，他們是以三個字母構成的AUM（嗡）一詞做為象徵。這三個偉大中心的轉變、再生與開展，促成了「失落的聖言」（Lost Word）響起，這是共濟會的秘密。從脊神經發出的脈衝與生命力，讓這件事成為可能。因此，**共濟會成員被告知要仔細考慮其替代詞，它的意思是「骨髓」**。

在小腦（或後腦）也就是負責人體動力系統的地方，以及動物唯一發育的大腦部分，我們可以發現一個像棵小樹的生長物，它一直是以金合歡樹枝做為象徵，在共濟會的寓言中也如此提及。古人稱大腦的兩葉為該隱和亞伯，這與「該隱的詛咒」傳說有很大的關係，而這實際上是不平衡的詛咒。該隱由於謀殺平衡之靈，被流放到地面成為流浪者。

我收藏了一個很不尋常的頭骨，它是一名凶殺犯的頭顱。它的有機品質頗高，卻背負著該隱的詛咒。此人費盡心機醞釀著他的仇恨。積怨有時可能變成一件非常危險的事。他發誓，若遇到某某人，會把他的心臟挖出來扔到他臉上。幾年過去了，他的仇恨與日俱增，最後在遇到敵人時，便攻擊了敵人，將威脅付諸行動。結果他因殺人罪而被判絞刑。

不過，為大腦做見證的頭骨，揭露出一個非常有趣的事實。大腦的右半部是受到水星（也就是智慧之星）所控制，由於頭骨底部的腦神經交叉，因此它控制的是身體的左半部。左半腦是受到火星的控制，火星代表憤怒和衝動的精神，它掌管身體的右半部，也因此掌管了強壯的右手臂。

此人的仇恨，加上由恨而生的火星影響力，使得他的左後腦足足有右側的兩倍大。此人讓火星控制了他的本性，火星的衝動統治了他，而他也為「該隱的印記」（詛咒）付出了生命的代價。

科學很清楚，天才與瘋狂只有一線之隔，對於任何重大惡行或美德，人都必須付出不平衡的代價。不平衡的狀態，永遠會扭曲一個人的觀點，而扭曲的觀點注定會帶來悲慘結局。

人的頭骨裡有一個總機，控制著身體的活動，頸部以下的每一種功能都是由大腦裡的一個意識中樞所控制的。

這個事實的證據是，大腦特定中樞一旦受傷，將會導致身體不同部位的癱瘓。現代醫學已知脊髓是大腦的延伸，有些權威人士甚至聲稱，整條脊髓都具有智慧。

這條繩子就像一把放出火焰的劍，應佇立在伊甸園的大門前。

伊甸園就在頭骨裡，園裡有一棵結出十二種果實的樹。

大腦中充滿著拱形的室和通道，類似於廟宇的拱門及其拱形幅度，而第三腦室無疑是大金字塔裡的國王墓室。

「脊髓」就是古人所謂的蛇。在中美洲和南美洲，人們稱救世主為「羽蛇神」（Quetzalcoatl）。這個名字的意思是長著羽毛的蛇，這個形象也一直是他的象徵。

這正是摩西在曠野裡飼養的銅蛇。蛇尾巴上的九個響環，稱為「人的數字」，它們代表著骶骨（薦骨）和尾骨，它們的中心蘊含著人類進化的秘密。

腦下垂體和松果體（第三隻眼）的意識作用

身體的每個器官都會在大腦中複製，我們可以透過類推法則來追溯。大腦中有兩個胚胎期的人形，一個男性，一個女性，在大腦中交纏在一起。這就是中國的陰陽概念，黑龍與白龍互咬。其中一個形象的表現器官是松果體，另一個則是腦下垂體。

這兩個無管腺非常值得仔細研究，因為它們是人類意識開展的一個非常重要因素。目前已知的是，這兩個腺體在高等智力者的腦袋中，比在低等智力者的腦袋中更大、更活躍。在一些先天極愚蠢的人身上，它們非常小。

這兩個小腺體被稱為智慧之龍的頭和尾，它們分別是電路的銅極和鋅極，以整個身體做為電池。

腦下垂體位於蝶骨的蝶鞍上，就在鼻樑正後方稍微下面一點的地方，它透過一條稱為「腦垂腺柄」（infundibulum）的細管與第三腦室相連。它是陰極，或負中心，掌管身體能量的表達，它的活動也在很大程度上調節著身體的大小和重量。

此外，它也是個溫度計，能顯示出內分泌腺（又稱無管腺）鏈中的任何失序問題。內分泌學（研究內分泌腺及其分泌物的學問）仍處於實驗階段，但有一天人們會明白，它是所有醫療科學中最重要的一門學問。

腦下垂體透過以下古代世界的象徵而為人所知：煉金術蒸餾器、龍之口、聖母瑪利亞、聖杯、新月、洗濯盆、約櫃上的其中一個基路伯（cherubim）、埃及的伊西斯（Isis）、印度的拉妲（Radha），以及魚嘴。

它也很貼切地被稱為「肉身凡人的榮耀盼望」。

在第三腦室的另一端，稍高一點的位置，存在著松果體，它看起來和松果沒兩樣（也因此獲得松果之名）。

大英博物館埃及文物的保管人恩斯特・阿弗雷德・沃利斯・巴奇爵士（Sir Ernest Alfred Wallis Budge）在其一部作品裡，曾提到埃及人在頭頂綁上松果的習俗。他描述，死者被帶去見冥界之王歐西里斯（Osiris）時，會被捲在莎草紙裡，而松果會被固定在他們頭上。毫無疑問，這個象徵物指的就是松果體。有些非洲部落也有將脂肪塊固定在頭頂上的習俗，然後讓它們在陽光下融化，流到他們身上，這是其宗教儀式的一部分。有趣的是，美洲印第安人會在基督教修道士頭頂剃髮的同一個地方戴著羽毛，而羽毛最初是靈性感知的象徵。

印度教教導松果體是第三隻眼，稱為「當瑪之眼」（Eye of Dangma）。佛教徒稱它為「遍視之眼」，基督教則稱它為「單一之眼」（the eye single）。

據稱，很久以前松果體是一種感覺定向器官，人是藉由它來認知靈性世界的，但是隨著物質感官與客觀雙眼的到來，它便被棄用，並在列穆里亞民族活躍時期，退居到目前它在大腦中的位置。

據說，兒童在重演之前的進化階段時，一直到七歲都仍少量地使用第三眼，直到七歲時顱骨開始合併。這解釋了兒童為何處於半靈視狀態，他們的心靈比成年人要敏感許多。

松果體會分泌一種油，稱為「樹脂」，這種油是松樹的生命。這個詞彙據說與玫瑰十字會（Rosicrucians）的起源有關，他們在松果體的分泌物上下功夫，以追求單一之眼的開啟，因為《聖經》上說：「身體的光是眼睛；如果你的眼睛是單一的，你的整個身體就會充滿光明。」

松果體是龍的尾巴，它的一端有一個微小的手指狀突起。這個腺體被稱為「約瑟夫」（Joseph），因為它是神人（God-man）之父。手指狀的突起稱為「神杖」，有時稱為「聖矛」，它的形狀就像煉金術士的蒸發器皿。

這是一個靈性器官，注定會成為它曾經的樣子，也就是人與神性之間的連接環節。腺體末端會振動的手指狀突起，是耶西（Jesse）之杖，以及大祭司的權杖。

在東方和西方的神秘學校裡，有一些練習能造成這個小指的振動，讓大腦產生嗡嗡聲。有時這是十分惱人的，尤其是經歷這種現象的人，在多數情況下都對自己正在體驗的經歷一無所知。

人體中的神靈所在

在大腦中央，被腦迴包圍的地方，稱為第三腦室，這是個拱形的入門房間。周圍坐著三位國王，代表生命與力量的三個偉大中心：腦下垂體、松果體和下視丘。

在這個房間裡，還有一顆砂礫般的小種子，無疑與大金字塔裡的國王的金庫相連。第三腦室應是靈魂所在，據說從聖人和智者頭上散發出的光環，正是代表金色光芒從第三腦室湧出。

在眼睛之間，鼻根的正上方，頭骨額骨處的一塊區域，就是所謂的額竇。骨頭在此處擴張所導致的輕微隆起，在顱相學裡被視為一個人的個性所在。諸佛額頭上的珠寶就是置於此處，古埃及人王冠上的蛇，也是從這一點高舉的。

根據幾個神秘學派的教導，這是耶和華在人體的所在地。他的功能是透過生殖系統來發揮，但是他的意識中心，做為人類靈性的一部分，位於額竇中央的藍色以太[9]之海中，稱為「伊西斯的面紗」（the veil of Isis）。當人們透過靈視來研究人體，那個小點總是呈現為一個黑點，無法分析。

古代羅馬的帕拉丁（Palatine）山丘上，建有朱比特（Jupiter）和朱諾（Juno）神廟，人體中也有它們的對應位置。上顎（palate）有著類似山丘的結構，它的正上方是包括兩隻眼睛的眼眶腔，即古代世界的朱比特和朱諾。

十字架，想當然爾代表著人體，它的上肢是人的頭部，突出於張開之手臂所構成的水平線上。

如同先前說過的，世上的大禮拜堂和大教堂，都是建造成十字架的形狀，而且在頭部位置設有祭壇，上面放著燃燒的蠟燭。這些蠟燭象徵著大腦裡的靈性感知中心，而在祭壇上方設置玫瑰窗花的習俗，則是代表頭骨頂端那塊柔軟的地方。頭骨，也就是上層房間，是共濟會聖殿的至聖所，僅有純潔者能追求它。

---

❾ 以太（ether），為古希臘哲學家所設想的一種物質，是風、火、水、土之外的第五元素。

那個有羽翼的骨頭，醫學名稱為「蝶骨」，是一隻埃及聖甲蟲，其爪子抓著腦下垂體，在高處額竇的位置綻放出不朽的光芒。

古代的神話告訴我們，諸神從天而降，與人類同行，並傳授人類關於藝術與科學的知識。人的神聖力量也是以類似方式從大腦的天堂降下，對自然物質進行建構與重建。我們被告知，在進化的最終階段，人的身體會慢慢消解，再次回歸到大腦裡（它的起源），直到剩下七個球狀中心，從中放射出七種完美的感官知覺。這即是寶座前的七靈，以及他帶入世界的救世主，其將透過成長的七個階段讓世界獲得救贖。

人是一棵倒立的植物，就像植物從大地獲取養分一樣，人類從陽光獲取養分。植物的生命透過莖或枝幹上升，滋養著枝葉，人的生命也是如此，以大腦為根往下降，產生相同的結果。這種生命的下降化為象徵，就成了降生到世上為人類而死的救世主。

後來這些生命又回到了大腦，在那裡，他們在所創造的世界前讚揚人類。關於大腦的故事在此告一段落。現在，讓我們來看看人體的下一個奇妙部位，脊柱。

ZADKIEL - HASHMALIM
TZEDEK
JUPITER
חסד
CHESED
אל
HALL
OF THE
GOVERNMENT
OF THE KING
RAPHAEL
SHEMESH
SOL
TIFERET
ALTAR OF
INCENSE
חסד
HANIEL - ELOHIM
NOGAH
VENUS
נצח
NETZACH
יהוה צבאות
YESOD
ISHIM
ARETZ
MALKUTH
AIR
EARTH
FIRE
WATER
SPIRIT

第3部

脊柱

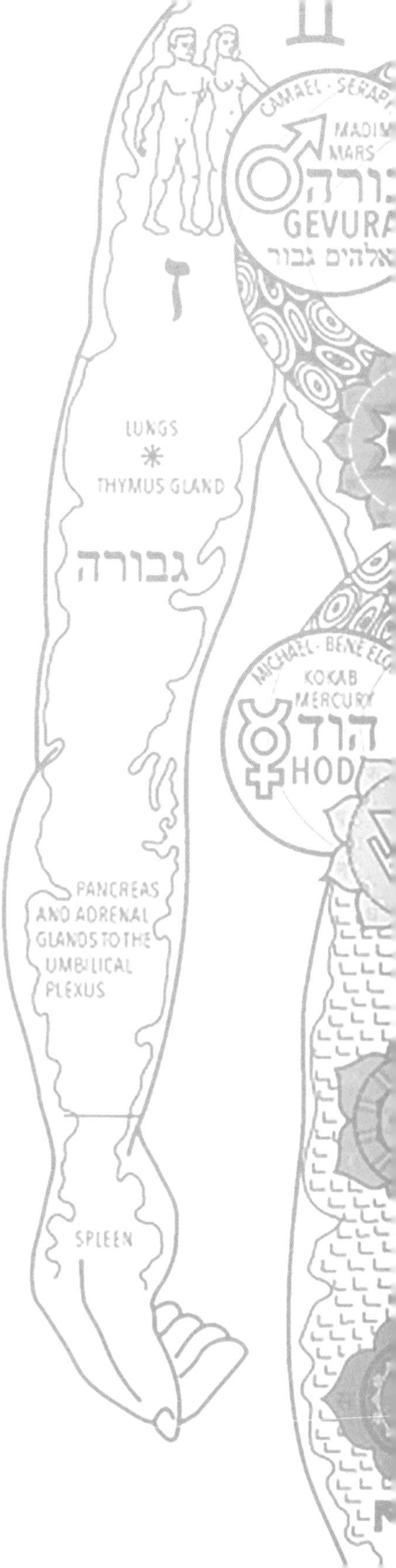
CAMAEL
MADIM
MARS
GEVURA
LUNGS
THYMUS GLAND
גבורה
MICHAEL
KOKAB
MERCURY
HOD
PANCREAS AND ADRENAL GLANDS TO THE UMBILICAL PLEXUS
SPLEEN

連結兩個世界（上方的天堂和下方的黑暗界）的是脊柱，它是由三十三節脊柱骨構成的鏈，裡面包覆著脊髓。

這副骨頭梯子在古代的宗教象徵中扮演著非常重要的角色。它經常被稱為蜿蜒的道路或樓梯，有時稱為蛇、魔杖或權杖。

印度教的教導指出，脊柱系統中有三個不同的管道或通道，他們稱之為左脈（ida）、右脈（pingala）和中脈（sushumna）。

這些通道連接了身體下半部的生殖中心與腦部。希臘人用赫米斯的雙蛇杖（caduceus）或帶翼的權杖，來象徵它們。

手杖包括一根長棍（中央的中脈），末端為一個球形突出物或圓球（延髓的腦橋）。這個球體的兩側有著拱形翅膀，用於代表大腦的兩個腦葉。兩條蛇向上纏繞著這根棍子，一條黑、一條白，代表了左脈和右脈。

脊柱的靈性之火

古印度教有一個關於昆達里尼（Kundalini）女神的傳說，據說她藉由天上的一座梯子或一條繩子降下，抵達漂浮在大海中的一座小島。

若將它與胚胎學連結起來，梯子或繩子顯然代表臍帶，而小島就是太陽神經叢（位於肚臍）。當梯子與天界的連結被切斷，女神恐慌地逃到一個山洞（薦骨叢），躲在那裡遠離男人的視線。

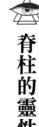

她和日本的天照大神（Amatarasu）一樣，必須從洞穴中被引誘出來，因為當她在洞裡拒絕出洞時，世界就陷入黑暗。

「昆達里尼」是梵文的音譯，意思是「蛇形或扭轉之氣或力量」。這股力量就如東方聖人所說，可以透過中央的脊柱通道（中脈）來移動。

當這樣的力量本質衝擊大腦，便會打開靈性意識與內在感知的中心，帶來靈性啟發。讓這個現象得以實現的文化體系，是東方聖者最秘密的教導，因為他們了解，這種螺旋扭轉的力量不但具有啟發性，而且就像它的象徵「蛇」一樣，也是一種致命的毒藥。

東方神秘主義的一些零星資訊，一直在進入西方世界，但我們必須很遺憾地說，它們的來臨也帶來無盡的痛苦和悲傷，因為這些偉大的真理落入無法正確理解或應用它們的人手中，會破壞智識和理性。

沿著脊柱分布著許多神經節和神經叢，這些部位都在宗教象徵裡占有一席之地。

例如，據我們所知，早期猶太人將薦神經叢（sacral plexus）和骶尾神經節（sacrococcygeal ganglion）稱為「所多瑪城」和「蛾摩拉城」❿。

在腎臟區域有一個小神經叢，稱為矢狀神經叢，古人稱之為「塔爾蘇斯城」⓫，那裡就是聖保羅與野獸搏鬥的地方。

❿ Sodom & Gomorrah，索多瑪城與蛾摩拉城是《聖經》上所記載的兩個城市，由於城裡的居民違反了耶和華藉摩西所頒布的戒律，於是被大火摧毀。

⓫ Tarsus，位於今日土耳其的小亞細亞半島的東南部，是使徒保羅的出生地。

高階神秘主義所教導的蓮花綻放（脊柱上的神經中樞或中心），是大腦裡七個偉大正極意識中心的反映或負極。

這七個中心透過脊柱上的神經中樞發揮作用的方式，大致上和寶座前的七靈透過行星體發揮作用一樣。

門徒被告誡，不要在脊柱上的中心下工夫，而是要對它們真正的統治者下工夫，也就是大腦裡的中心。

以色列子民在曠野中流浪，伊斯蘭教徒前往麥加的朝聖之旅，以及印度教聖人一生走過無數聖壇的無盡朝聖旅途，都代表著靈性之火（昆達里尼）透過神經中樞沿著脊柱進行的朝聖之旅。

在特定的條件下，這股力量被一個接一個地轉進這些中心，直到在靈視所見下成為一個巨大、像花朵一樣的場域，光線則像花瓣一樣從中放射出來。這些綻放的蓮花根據神經分支的數量而有不同數量的花瓣。

據說，當物質宇宙被創造出來時，邏各斯[12]進入了深度冥想的狀態，他將意念力量集中在七個世界的七個花朵狀中心上。漸漸地，他的生命力從大腦（即偉大的上界）下降，一波又一波的力量衝擊了一朵又一朵的花朵，從而誕生到了下界。

最後，當他的靈性之火衝擊到最低的中心時，物質世界便創造出來了，他的靈性之火就位於脊柱的底部。

當世界重新回歸於他，他再次成為至高無上的意識，因為他從這七個中心取回生命，從最低的開始，然後再次回歸到大腦。

因此，所有生命的進化之路就是提升這道火焰，它的下降讓他們得以在下界顯現，而它的上升能讓他們再次與上界達成和諧。

⓬ Logos，是古希臘哲學、西方哲學及基督教神學的重要概念。在古希臘文一般用語中有話語的意思；在哲學中表示支配世界萬物的規律性或原理；在基督教神學是耶穌基督的代名詞，因為他是天主的聖言，也是萬物的規律的源頭。在西方哲學史上，邏各斯是最早關於規律性的哲學範疇。

這一則述說生命力下降臨並占據自己世界的神話，在世上的所有文明國家中都可以找到。

這是海勒姆．阿比夫⓭的經歷，他建造了共濟會聖殿（身體），隨後被自己組建的三個載體殺死。同樣地，這也是耶穌基督的經歷，他為了世人的罪而被殺害。

這種脊火是一種迴旋、蛇形的力量，所以蛇在世界各地被用來代表世界救主。埃及祭司的額頭所佩戴的蛇標（uracus）即象徵昆達里尼，是一條神聖的眼鏡蛇，當它在曠野中被高舉時，拯救了所有注視它的人（即摩西與銅蛇的故事）。

靈視者、靈媒與太陽神經叢

如同大腦是神聖世界的中心，太陽神經叢即是人類世界的中心，因為它代表著「半意識」，連接了下方的無意識與上方的意識。

人不僅能用大腦思考，也能透過太陽神經叢的神經中樞，進行某方面的思考。

從這一點來描述靈媒（medium）和靈視者（clairvoyant）之間的差別是明智的。

⑬ Hiram Abiff，以色列王國索羅門聖殿的首席設計師，也是共濟會的創建者。

對一般人來說，他們沒有區別，但是對神秘學家來說，這兩種面向的靈性視覺是不同的，而且是被人類進化的整個跨度區隔開來。

靈視者將脊柱之蛇提升到大腦，並透過他的成長，贏得了借助第三隻眼或松果體來感知無形世界的權利。

這個意識器官在數百萬年前將人類與無形世界聯繫起來，但是在列穆里亞時期關閉了起來，因為當時客觀的感官開始發展。

然而，神秘主義者透過早前暗示過的發展過程，可能會重新開啟這隻眼，並透過它探索無形的世界。

靈視者不是天生的，他們是造就而成的；靈媒不是被造就的，他們是天生的。

唯有經過多年，有時甚至是多生多世的自我準備，才能成為靈視者。而相反地，靈媒藉由坐在黑暗的房間裡，或透過其他類似做法，便可能在幾天內獲得成果。

靈媒利用太陽神經叢做為鏡子，在其敏感的神經上反映出記錄在無形以太界中的畫面。

透過脾臟（通往以太體的門戶），靈媒允許外來靈體的智慧進入他的精神體，化現為聲音和其他靈異現象。自動書寫便是透過允許外來智慧的以太臂，暫時控制靈媒的實體手臂而實現的。

靈媒必須移除自己手臂上的以太分身，這件事才可能發生，因為兩個東西不能同時占據同一個地方。每隔一段時間就將生命力與實體手臂分開，這個過程非常危險，常常會導致癱瘓。

通靈對人類來說是件不自然的事，而靈視者則是個人成長與靈性本質開展的自然結果。

靈媒和靈視者出現的比率是一百比一，因為要成為靈視者，必須透過自主的修練過程並行使巨大力量才能辦到，然而，一個人越是虛弱，越是病懨懨，越是神經緊張，反而越能成為一個好靈媒。

靈視者透過將腦海填滿有用的知識，來開展他的心智，而試圖成為靈媒所接收到的第一道指令卻是「讓你的腦海一片空白」。

透過太陽神經叢來通靈是一種退化，理由總結如下：

掌控動物王國命運的集體靈，透過投射至太陽神經叢上的畫面來控制他們的衝動，因為動物的頭腦沒有自我意識。

因此，牠不是用自己的頭腦思考，而是藉由無形磁力線所依附的集體靈的頭腦來思考。

這些繩索傳達了牠們的意念，並將其生動地投射在交感神經系統上。由於動物沒有自己的意志，無法對抗這些衝動，因此會絕對服從它們。

人類是透過腦脊髓液的神經系統進行自我管理的，由於已經發展出個體性，因此交感神經系統不再能主宰他。

靈媒敞開自己，透過太陽神經叢區域接受衝動，其實是在阻礙腦脊髓液的神經系統控制他的命運，因而阻礙了自己的成長。

人總是喜歡依賴外在事物，討厭面對問題並運用神賜給他的大腦來解決每個問題，於是他轉而依靠無形世界，請求它們幫助他完成應透過一己之努力來完成的工作。

成千上萬的人都必須承擔靈媒的業力責任，因為有許多人追隨這種號召，有許多人都想與過世的親人交談，或是獲得股市的內線消息。那些贊助此一行為的人，是在鼓勵他們自己都不贊成的事，他們的自私使他人能將傷害強加於他們自己身上，而他們自己必須負起責任。

因此，通靈和靈視之間的差距大約是脊柱的一半長度，這是負面和正面之間的差距，是降神會的午夜和廟宇的正午之間的差異。

人體的智慧

人體內的所有器官都有其宗教意義。

心臟及其腔室本身就是一座矗立在隔膜山上的廟宇。脾臟以它小傘狀的臟器收集太陽光線，並為以太體充電。就是這個在脾臟內盤繞的以太體，為循環系統注入了白血球。

我們知道，幾乎所有的機械裝置，都是以人體為靈感來源。

鉸鍊是從複製人體球窩關節而來。我們被告知，第一個水管裝置是從動脈和靜脈循環系統複製而來的。

數百種機器和工具的靈感，皆來自我們自身機體的精妙運作，因為人體就是人類頭腦所能鑽研的構造最奇妙的機器。

人體下面的生殖系統和上面的大腦關係密切（因為大腦是一個正向生殖系統），當然是基於連接著它們的脊柱。

在某個時間點，大腦與生殖系統分開的幾個小門會打開，將中脈變成一條開放的通道，因此，每一道脈衝都會立即傳送到身體的兩端。

也正是基於這個理由，候選人立下獨身的誓約，因為高階門徒的大腦和生殖系統之間所存在的密切關聯，必定會讓所有生命能量達成絕對守恆。

扁桃腺與生殖系統直接相連，事實上，它們是大腦正極的一部分。

我們應該重新思考對健康兒童進行疫苗接種，並依照一般原則切除正常扁桃腺的做法。大多數的扁桃腺之所以會感染，是因為孩子在幼兒時期吃了太多甜食所致。這其中的寓意是：不要切除扁桃腺，而是戒除糖果。

許多父母必須對孩子的疾病負責。基於無知或寵溺，他們允許了那個仍未受其更高階載體（higher vehicles）控制的嬰兒期意識，在生命真正開始前就毀滅了自己。當孩子在人生早期生病，醫師經常在父母身上找到疾病的原因，而且是父親或母親應該服藥，而不是孩子。如果腸胃能保持在適當狀態，扁桃腺就不會製造困擾。

大自然在建造所有結構裡所展現的絕對經濟，足以證明上帝創造扁桃腺和闌尾時並非在浪費時間。

大自然顯然有創造它們的理由，但這些可憐又無害的器官，對醫學家來說儼然成為金礦，動不動就要被移除。我們被告知，人體採取的垂直站立姿勢，迫使腸道內容物有一部分的時間是在走上坡路，而這就是闌尾存在的理由，在水平移動的生物身上沒有這個東西。

每個器官不僅有其肉眼可見的功能，還具有無形的靈性意義，那些一生中能盡量完整保留原結構部位和器官的人，是值得欽佩的。

談到人體對科學的貢獻這個主題時，我們可以補充一點，十進位制系統是原始人用手指算數的結果，這才讓「十」成為計數單位。古代的肘節（cubit）也是指手肘到第二根手指末端之間的距離，大約四十六公分。

因此，若回頭研究一些事物，我們會發現，人類身邊的大部分東西，都是上帝根據圍繞在他靈性周圍的人類身體所改造的。

人類不僅逐漸控制了自己的身體器官，也逐漸控制了它們的功能。科學指出，某些器官會自動或機械性地發揮功能，但神秘主義者了解到，人體的功能沒有任何機械性。

讓我們舉個例子，工人將一塊鐵丟到一部運轉平穩的機器的輪子和手柄上，接著會發出一陣摩擦聲，機器停止運轉。相反地，如果你扔了一把活動扳手進入人體，它會立即啟動將扳手扔回給你的過程。

它會用一層膜包圍這個異物，並嘗試吸收它，如果這不可能辦到，它會嘗試透過用於排出物品的通道，將其排出。如果這個手段失敗，那麼在許多情況下，它會讓自己習慣此障礙的存在並繼續運作。

這無疑顯示出，人類的有機部分擁有某種本就具有的智慧，因此它們不是機器，因為沒有任何機械設備具有智慧。

偉大的瑞士醫師帕拉塞爾蘇斯（Paracelsus），在遠東生活多年後返回瑞士教授醫學，率先向歐洲世界傳達了自然精靈的概念。

他教導說，自然界的功能受到了正常感官看不見的小生物所控制，它們透過生命王國，包括礦物、植物、動物與人類各個身體部位等，讓這一切以有智慧的方式持續進化。天蠍座的天體系統負責自然界的身體建構，而在它的控制下，這些元素是掌控人體及其功能的無形智慧。

人類意識不斷進化的結果，使人類得以更全面地控制自己各個器官的功能。

肌肉有兩種，隨意肌與不隨意肌，其不同之處在於，隨意肌可以由個人意識來控制，有雙向交叉的肌纖維，而那些不隨意肌沒有交叉的肌纖維。過去，人們認為心臟是不隨意肌，但現在它開始出現交叉纖維，預示著人類將有意識地、有智慧地調節自己的心臟跳動。

在人體構造發生週期性變化時，倖存下來的其他所有器官也將是如此。

東方的聖者在心臟不跳動的情況下也能成功活著，他可以透過意志停止或啟動它。透過抬高舌頭，關閉空氣進入肺部的通道，他可以在假死狀態停留數個月的時間。許多東方門徒在接受來自肉身之外的靈性啟蒙時都會這麼做。

曾有記錄指出這些聖人被埋在地下的案例，幾週後，當他的身體被挖出來時，就像一塊皮革一樣乾癟。人們將水倒在他身上，過了一段時間，那個已經好幾個星期沒有呼吸的人便能起身走開了。這是心靈對身體功能獲得非凡控制的結果。

根據神秘主義的教導，人體內有一個完整的宇宙。

它有自己的世界，自己的存在層面，以及它的眾神和眾女神。數以百萬計的微小細胞就是它的居民。這些微小生物聯合組成各個王國、國家和種族，成為由眾多部分組成的一個整體。

這個大世界的最高統治者和神，就是說著「我是」（I am）的人類意識。這個意識會接收它的宇宙，然後移動到下一個城鎮。每次沿著街道走動，它就隨身攜帶著一億個太陽系，但因為它們是無窮小的，人類因此無法意識到它們實際上是許多世界。

同樣的道理，我們是一個無限創造體之內的個別細胞，這個創造體不斷以未知的速度將自己拋向無限遠。

太陽、月亮和星星只是由宇宙所有物質構成的巨大骨架中的骨頭。我們自己的小小生命，只是在太空的動脈和靜脈之中搏動、流淌的無限生命的一部分。

然而，這一切是如此浩瀚，超出我們內心這個小小的「我是」所能理解。因此，我們可以說，這兩種極端都是同樣難以理解的。我們生活在一個一方面無限偉大，另一方面又無限渺小之間的中間世界。隨著我們的成長，我們的世界也會成長，我們對所有這些奇妙現象的理解範圍也會隨之擴大。

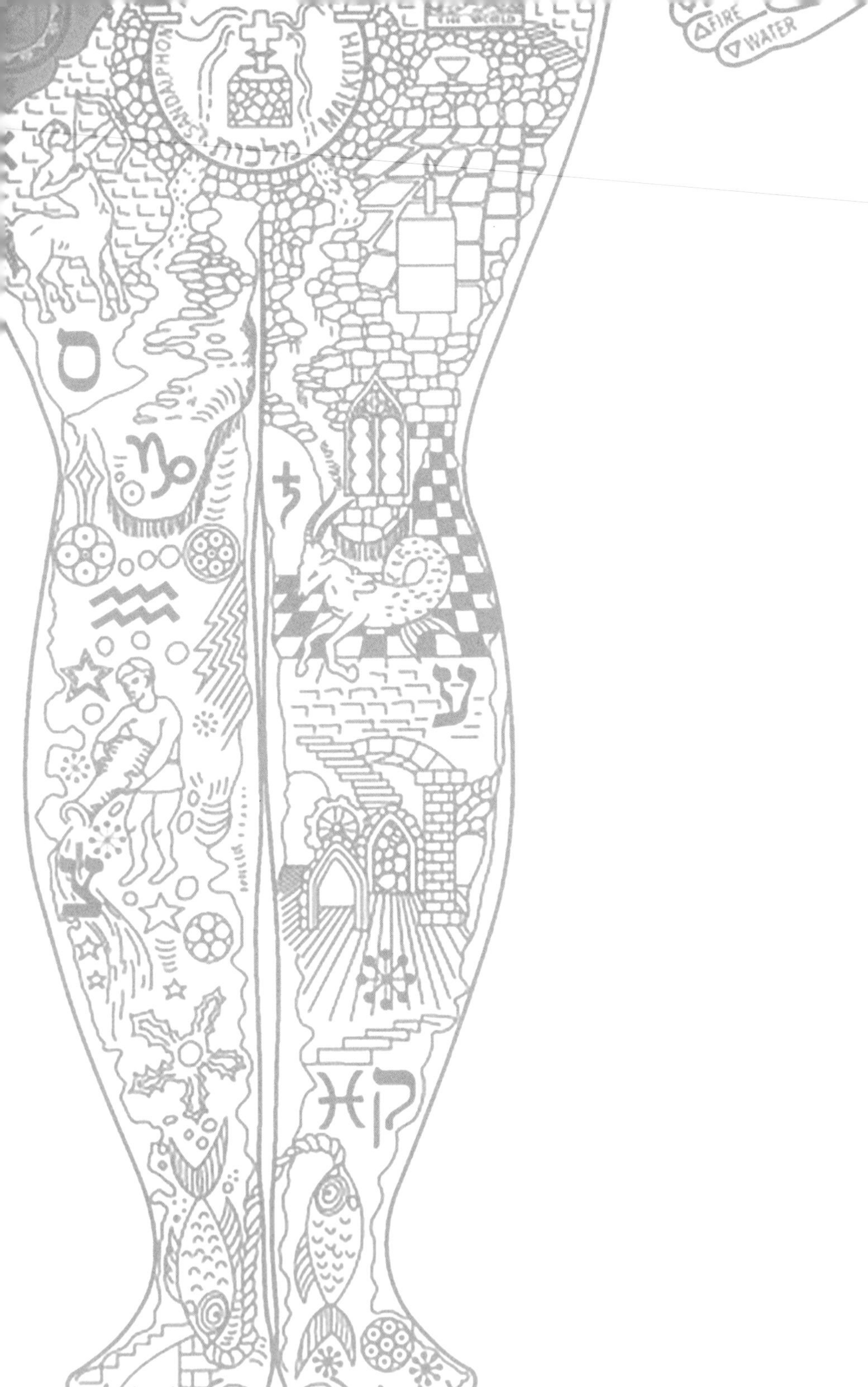
SANDALPHON
MALKUTH
מלכות
FIRE
WATER

第4部

地獄的世界

坐落在脊柱底部的，是形相之主的寶座，通常稱為「耶和華」和「濕婆」。林伽[14]是祂的象徵，祂的坐騎是一頭大地之牛。祂的女兒是死亡與毀滅，但祂一點都不邪惡。

祂建造了物質身體，使我們有能力在較低等的世界產生功能。祂讓它們在力線周圍結晶化。

幾何是骨架，它所建構的所有身體都是幾何問題，由幾何角度結晶而成的岩石和石頭。

漸漸地，那些將身體帶入世界的結晶，變得過於緻密、剛強，以致無法對來自靈性意識的微妙影響做出回應。

慢慢地，它們變成了石頭，而死亡的原因和當初讓身體來到這世界的原因相同。

---

⑭ 濕婆與林伽（Shiva & Linga），「濕婆」意為「吉祥」，而「林伽」意為「標誌」。因此，濕婆的林伽代表「吉祥的宇宙大神的標誌」。林伽也意味著宇宙崩解之時，所有創造之物在此消亡殆盡。因此，根據印度教的思想，宇宙的創造、維持以及毀滅都出自同一位神，那就是象徵性代表濕婆神的林伽。

地球早期的先民崇拜生命的繁衍特質，認為生命的最高表現，就是給予世界另一個生命的力量，因此，那個給予生命的法則，被人格化為給予萬物生命的神祇，或者更正確地說，一位將潛在生命顯化為實體的神祇；那個潛在生命原本缺乏緻密物質載體，而無法在物質世界成長或開展。

對神秘主義者而言，出生就是死亡，死亡就是覺醒。

古代的神秘主義者教導說，出生在物質世界等於進入一座墳墓，因為沒有其他自然層面和地球世界一樣，如此反應遲鈍、如此受限。時間和距離，是將靈魂囚禁於狹隘環境的鐵柵欄。炎熱和寒冷折磨著靈魂，年齡剝奪了它的能力，人類的生命只不過是一個為死亡做準備的過程。

當生命活在死亡的陰影下，他們教導這是一個笑柄，一個空虛的東西，在粗心之人眼中是鍍金的，但仔細清楚地檢視後，就會發現它早已失去光澤並且遭到蟲蛀蝕。肉體變成了墳墓與埋葬之處，靈魂棲身其中，等待著解脫的一天；到那天，一道全新的火花將再次從破碎的土甕中迸發。

因此，在世界所有的宗教裡，都將下層世界視為一個黑暗坑洞，陰間之主死神閻魔[15]會將被詛咒者的靈魂，丟進他們自己創造的地獄中受苦；因為真相是，每個種族都是從自己的本性中製造出折磨它的惡魔。

在這裡，擁有豬身鱷魚頭的埃及毀滅之神堤豐，張開大口等著吞噬那些未能在生命中正當利用機會的人。

在大多數的民族中，惡魔的象徵都是半獸半人的。他棲身在人的動物本性之中，而那些被自己的欲望、喜惡、仇恨和恐懼所控制的人，其實不需要進一步的詛咒，因為他們已經創造出自己的地獄，而且正在經歷地獄的折磨。

人類靈性意識所在的位置

生殖系統逐漸為大腦所吸收，下一個重要世界週期的人類，將透過喉部，也就是言語的器官來產生後代，或至少為它們形成載體。

我們被告知，有一個將來會成為積極繁殖器官的小以太體，正在喉部附近逐漸形成。人類最終將能透過中脈讓脊柱之火上升。然而，這是一個進化的過程，需要很長的一段時間。

⓯ Yama，為印度神話中的死神，地位相當於希臘神話中的桑納托斯或是埃及神話的阿努比斯。在同源的波斯神話中，其名為賈姆希德。

肉體應受到掌管地球液體的月亮所控制。

生殖力量。

月亮是大地之靈的最後化身，人類就是在月亮之主的以太體中度過其動物意識的階段。月之靈被稱為「祖先」，基督徒稱為天使。這些存在體控制著動物和人的

轉世的生命經常會在它出現在世上的幾年前，便選擇好未來的載體。據說，以太生殖細胞被放置在父母體內的時間點，可以遠遠早在孩子來到世上的二十年前。這是它為了尋找一個特別能滿足其靈性與物質需求之環境的結果。

根據一些神秘學派的教導，人類的靈性意識並非固定在身體的任何一點上，而是停留在他思想所在的部位。

我們知道人類可以居住的地方有三個世界：

第一個是他的精神世界，他可能活在自己的思想、夢想與願望包圍的所在。

第二個是他的人類世界，在那裡他可能是主流的中產階級之一，思考一點點，吃一點點，睡一點點，煩惱不斷。

第三個可能的家是他的動物世界，在那裡他可能活在激情、欲望與仇恨之中，讓它們燒毀他的靈魂，吞噬他的身體。原始種族的歷史顯示，他們已經通過所有這些階段，從中昇華，最終有少數人成為了真正會思考的生物。

紅色血液與三原色

每個人的血液都是獨一無二的，它所形成的幾何圖案，每個人都不同，因此透過血液分析，我們可以發展出更可靠的犯罪偵測系統，而且遠遠比貝蒂榮（Bertillon）識別系統（一種人體測量學）或指紋系統更優越。

人的靈魂故事寫在他身體的血液裡。他在進化中占據的位置、他的希望和恐懼，都烙印在流經其血液的以太體上。

在紅色血液進入身體之前，人的靈是無法進入身體的，而是盤旋在身體上方，透過一條電流線連接到身體。

以靈視研究蟋蟀、蚱蜢和類似的小生物之後，可以觀察到帶有脈衝的小球體盤旋在牠們身體的上方，這促使牠們產生原始的運動和感覺。

據說植物和動物之間的真正分界，是隨著紅色血液的到來而劃定的。所以，某些小型魚類、軟體動物等，在技術上屬於植物，不過科學並未承認這一點。

肝臟是紅色血液的關鍵。路西法[16]的紅色外衣，其顏色就是來自血液，「Lucifer」這個字的意思是「光的載體」（或熱火），就是血液的一個名稱。

因為這個理由，他也是誘惑之靈。在基督教神話裡，百夫長用矛刺穿耶穌基督的肝臟這件事特別神秘；而人類的朋友普羅米修斯[17]被吊在高加索山頂上，任由禿鷹啄食肝臟，同樣是古希臘的象徵主義裡所述說的神話。

更有趣的是「活著」（live）和「肝臟」（liver）這兩個字詞之間的關係，因為擁有肝臟就意味著活著。

同樣地，我們可能會注意到，「活著」（live）這個詞的英文字母，若倒過來寫就會變成「邪惡的」（evil），而「活過的」（lived）倒過來則變成「魔鬼」（devil）。這種奇特的關係不僅存在於英文中，在其他數種語文裡也可以發現一些較不明顯的痕跡。然而，若我們著手研究這個現象，就會捲入卡巴拉的詮釋研究中，也就是對詞語象徵意義進行分析。

---

⑯ Lucifer，宗教神話中墮落為魔鬼的天使。

⑰ Prometheus，從眾神那裡竊取火種，並將其送給人類，促進了人類的文明進步，卻因此受到神罰。

紅色是血液的顏色，是肝臟的關鍵，它對動物的影響非常顯著。它會刺激、激起興奮，在某些情況下甚至會導致動物陷入瘋狂，因此它常被用來製作鬥牛士所穿的斗篷。這些鬥牛士在公牛面前挑釁，接著麻煩就來了。

在黑魔法中很常使用紅色光。邪惡的魔法師利用它來為幽靈賦予實體，而醫學已經發現，紅光若應用在人體上，具有非常強烈的刺激性。

在充滿憤怒和仇恨的時候，人的星光體⑱光環會變成一條條的紅色火焰，類似雷電或霹靂。

脊柱底部經常會發出暗紅色的光，象徵著仇恨、激情或憤怒。這道紅光在脊柱底部永遠燃燒著，從而出現了地獄之火和詛咒的故事，但是傳教士沒有提醒信徒的是，無論他們走到哪裡，其實都攜帶著自己的地獄。據說，紅色力量是透過體現戰神瑪爾斯（Mars）精神的墮天使薩麥爾⓳之身體，從太陽的白光中分解出來的。這就是天空中發出紅色光芒的原因。瑪爾斯是戰爭、爭鬥、仇恨和分裂之神，是羅馬帝國的守護神，他的士兵身穿紅色制服，象徵其統治權力。在他的帶領下，他們征服了世界，卻被自己那把殺人的劍所反噬。

⓲ astrol body，是許多哲學家提出的精微體，介於靈魂和心智體之間，由精微物質組成。它與星體平面有關，星體平面由占星學的行星天堂組成。這個術語被十九世紀的神智學家和新玫瑰十字會所採用。

⓳ Samael，是塔木德和後塔木德傳說中的大天使；在《聖經》中，是控告者或對手（《約伯記》中的撒旦）、誘惑者和毀滅天使（《出埃及記》）。

紅色是身體的顏色，而黃色則被視為靈魂的顏色，因此，佛陀和救世主的象徵通常也被金色光環或光暈所包圍。這種光芒即是黃袍，也是見證黑暗的光，如同聖約翰（St. John）所寫的。

這道光透過第三腦室湧出，代表著猶太人與神的榮耀同在（Shekinah），它懸浮於施恩座上方，做為神與人之間的契約。

黃色是賦予活力的，是生命給予者，因此，擁有金髮的太陽及其化身——基督，都是生命的給予者。將脾臟暴露在陽光下，可以治療虛弱無力。

藍色是三原色中最高階的顏色，是指派給天父的顏色。這是一個令人感到放鬆與寧靜的顏色，在治療精神錯亂和執迷方面尤其具有重要價值。

黑魔法的法師在藍光下很難成功施法。藍色與心靈的親和力十分明顯，它在松果腺體中聚集，形成電海，萃取人類本性中一切靈性品質的精華。

據說，每一道火焰的藍色中心，都象徵著閃耀的太陽背後的無形天父。耶穌基督曾這麼說：「人看見了我，就是看見了父。我在父裡面，父在我裡面。」

象徵主義中的色彩運用十分有趣。神話中的英雄經常屠宰的對象「綠色龍」，代表的是大地。白色鎧甲是淨化過的肉身。

黑魔法的法師是黑暗與不確定性。

所有的顏色都有其象徵意義，研究這些意義與價值觀如何應用在神秘主義中，能讓我們學習到很多事。

討論神秘解剖學和生理學主題時，我們必須停下來稍作思考，將功勞給予隱藏了神秘學研究的中世紀煉金術士和玫瑰十字會，他們將人體器官改裝成蒸餾器和煉金容器的樣子。

他們的一位偉大推手實際上曾說：「我們的化學和你所知的化學物質研究不同，我們包含了某些秘密容器（即內臟），和靈性化學物質，這是一般人看不見的。我們不相信去折磨化學物質（將它們結合，形成氣體、蒸氣或沸騰的物質），因為化學物質和人一樣，在對彼此不友善的關係中會受到傷害。」

煉丹爐就是人體，其中燃燒的火焰位於脊柱底部。煙囪是脊髓，蒸氣沿著它上升，再次聚集並在大腦中蒸餾。這確實是一個從遠東流傳到歐洲的秘密系統，幾個世紀以來，一直被視為最高的宗教形式。

我們可以將這些神秘的真理稱為操作性靈性的原則，與完全由思辨理論構成的現代宗教形成對比。

人們不會夢想到宗教是生理性的，也不會相信他們的救贖完全依賴自己體內生命元素和力量的科學運用，儘管存在著相反的說法，但事實確實是如此。

在未來的幾年裡，很多工作會投入在啟發人們了解自己身體的各個部位和肢體的秘密運作。

有趣的是，在偉大化身毗濕奴（Vishnu，印度神）的世界裡，其肉身化身或外表，與人類胚胎出生前所發生的變化存在著相似之處。這帶領我們進入下一個主題：神秘胚胎學。

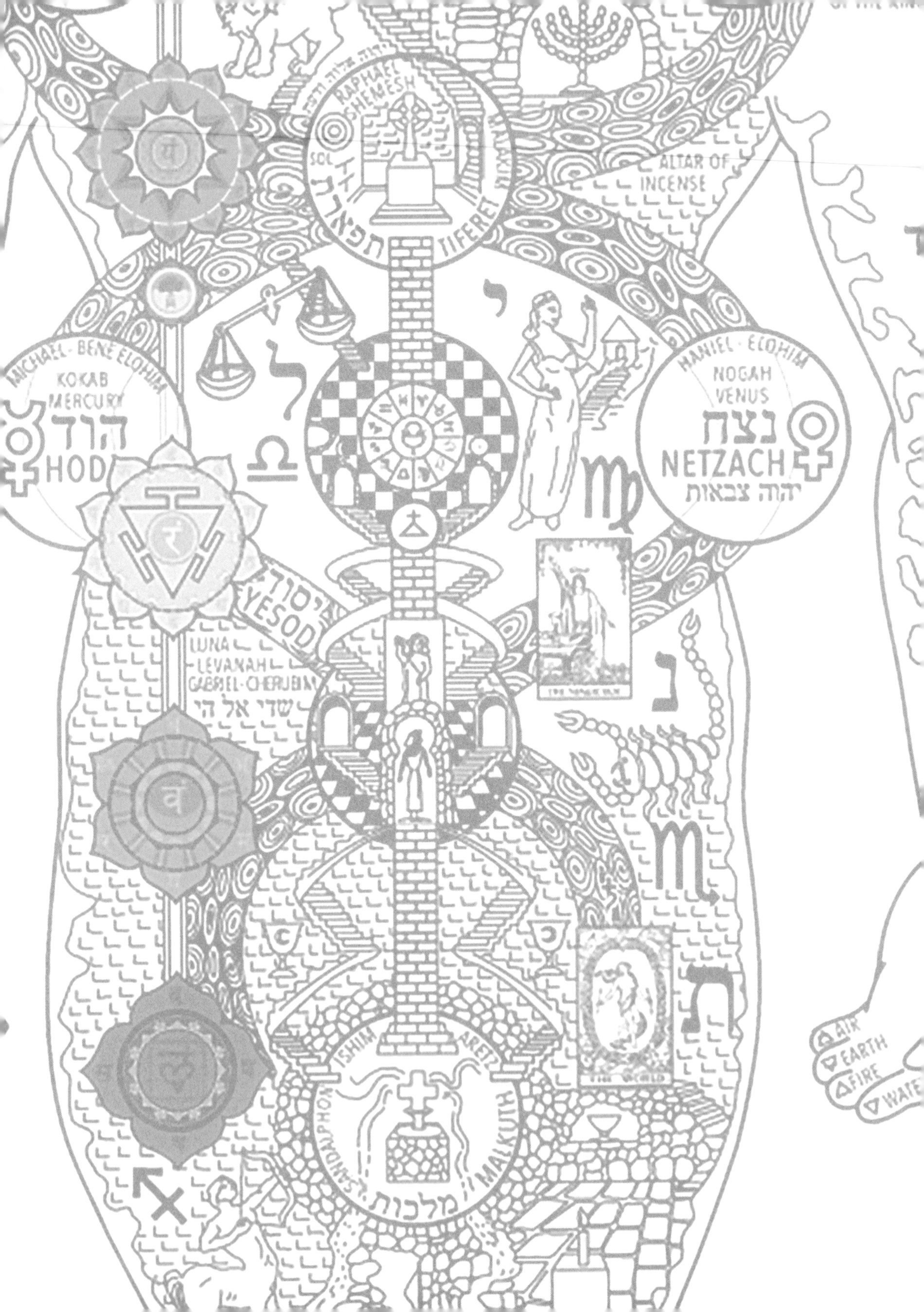

RAPHAEL
SHEMESH
SOL
TIFERET
תפארת
ALTAR OF
INCENSE
MICHAEL - BENE ELOHIM
KOKAB
MERCURY
הוד
HOD
HANIEL - ELOHIM
NOGAH
VENUS
נצח
NETZACH
יהוה צבאות
י
ל
נ
ת
יסוד
YESOD
LUNA
LEVANAH
GABRIEL-CHERUBIM
שדי אל חי
ISHIM
ARETZ
SANDALPHON
MALKUTH
מלכות
AIR
EARTH
FIRE

第5部
神秘胚胎學

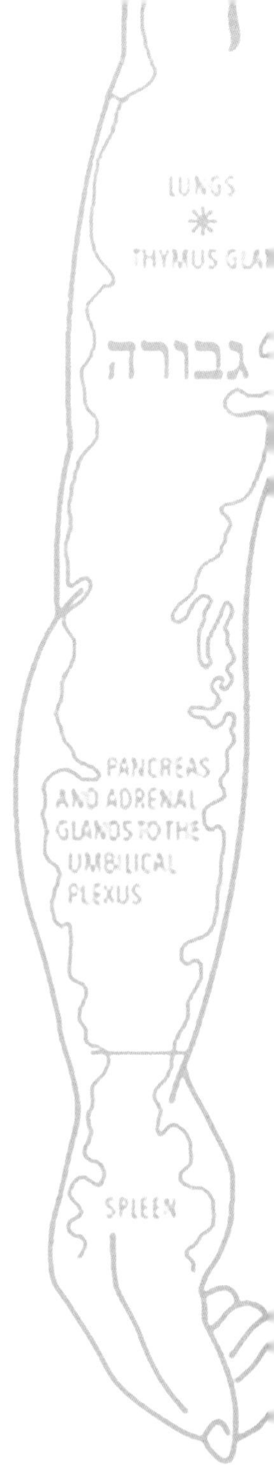
LUNGS
PANCREAS
AND ADRENAL
GLANDS TO THE
UMBILICAL
PLEXUS
SPLEEN

偉大的毗濕奴神已經降臨世界九次，來拯救他的子民。他的第十次誕生尚未到來。他的九次化現，密切對應著人類胚胎出生前所經歷的九個主要變化。

毗濕奴最初是從一條魚的嘴裡誕生的，然後從一隻烏龜的身體中出現。之後，他化現為一頭野豬，然後是一頭獅子，接著是一隻猴子。經過一連串的其他變化之後，他現身為人。

我早些時候注意到有位科學家製作了一份表格，顯示人類大腦在產前階段與各種動物的關係。他的表格正好與毗濕奴的化身表格一致，然而，他完全沒有意識到自己正在將東方的神秘主義和西方的胚胎學連結在一起。

幾乎每個民族的宇宙起源神話，都是奠基在胚胎學的基礎上。

據說，宇宙的形成方式，其過程與人的形成方式相同，只是規模更大。例如，《毗濕奴往世書》提到，創造發生在梅姆（Mem）的子宮裡。太空被高山和懸崖（絨毛膜）包圍。宇宙是從水中創造出來的，漂浮在大海（羊水）之中。諸神是沿著梯子（臍帶）降臨的。正如《創世記》中的記載，四條河流注入新的土地，這些是臍帶中的血管。

故事是這樣說的，其中有著奇妙的相互關聯。也許有一天，一門基於類比法則的新科學會出現。人們將證實，它對科學數據的貢獻，大於所有時代的科學思辨。

可以相當確定的是，亞當、夏娃和伊甸園的故事是以胚胎學為基礎的，子宮就是最初的伊甸園。

在象徵意義上，它由一個點在一個圓圈中來代表。這個點就是原始的生殖細胞（germ），如果依以此類推，就可以繼續比擬下去。

「梵天之卵」說的就是宇宙胚胎的故事，而胚胎學是研究創世的基礎。

在胚胎學中，我們對人類如何從大自然各個物種之間延續下來，也有一套非常有趣的說法。

在此，我們在特定時期發現了極北生物，而在另一個時間點，我們又看到了原始的列穆里亞人，後來是亞特蘭提斯人，最後是雅利安人。我們肯定會建議所有研究神秘學的學生，對這個主題進行深入研究。

科學了解，這個星球上的一切生命都源自於水。人類的胚胎包覆在水中，經歷了它成長的所有原始階段，而我們也在它身上找到了萬物進化的故事。性別一直到第三個種族才會出現在這個星球上。直到第三個月，性別才出現在胚胎裡。

人類的胚胎經歷較低等的大自然王國而再現，是最有力的進化論證據之一，因為它證明了人類最初被創造出來時不可能處於成年狀態。因此，他經歷了一場宇宙胚胎學；事實上他仍在胚胎裡，在他真正成為人類之前，還不會真正誕生，而這將需要數千年的時間。他正處於真正成為人的狀態。

產前的九個月階段，長久以來一直被用於象徵意義。「九」被稱為人的數字，因為身體度過了九個月的準備狀態。而完美的數字應該是「十二」，所以，目前人類是在完成的三個月之前出生的。

人類種族的逐漸發展，將導致人在產前時期獲得更多成就，直至最後，出生成為最終階段，所有的經歷和成長都將發生在胚胎狀態中。

人類的成長階段

人並非一次性地完全誕生。我們可以說，人是逐漸誕生的。

意識在身體外部運作，與可塑物質互相作用，等到加速運動階段，它會從內部控制載體，開始用周圍的材料形塑一定程度的個性。

出生時，肉體誕生，一種結晶化的過程會開始，一直持續到死亡那一刻。人從誕生那一刻起便開始死亡，壽命的長度就是這段時間所需的長度。

人在七歲時，生命體開始活動，最活躍的成長時期就此展開。父母會在這時候開始遇到難題。這是將衣服改得長一點、大一點的時候了。

孩子像野草一樣快速成長拔高，因為他們其實是在重演其植物存在，而在這之前，他們是在重演其礦物狀態。大約在七歲時，孩子開始在自己的體內製造生命精華。在此之前，他的生活必須仰賴出生前喉部的無管腺所分泌的生命力。換句話說，他靠著從父母那裡儲存的生命力來維持生命。

到了大約七歲的時候，他開始為自己工作，一刻不得閒，如果年輕人能夠將他們的能量裝在瓶子裡，保存到老年，我們會生活在一個多麼美好的世界啊！

在溫帶地區，十二歲到十四歲是肝臟開始活躍的時期，情緒體[20]也在此時誕生。

這個青少年階段，正是年輕人面臨最大問題的時候；情緒氾濫，肆無忌憚，意識正在重演其動物的存在。確實可以說，這是初戀的時光。在這些年裡，重大錯誤經常發生。

[20] emotional body，情緒體是身體和精神之間的橋樑，代表了我們對萬物的感受和關係。

十四歲到二十一歲這個階段，枯萎的生命比任何其他階段都要多。人們觀察到，對情感強烈的種族來說，他們的孩子在青春期之前往往表現優異，而且在班上的課業名列前茅。

然而，當情緒化的本性在大約十四歲開始活躍起來時，這些孩子經常會對正規教育喪失興趣和能力。任何曾經教過外國孩子的學校老師，都能證明特定民族確實存在著這種現象。

低能者是星光體誕生後心智功能喪失的例子，這種例子很多。在這段情感氾濫的時光，父母必須以堅定、和藹的方式管教孩子，否則這些孩子總有一天會反過來責怪父母毀了他們的生活。

在十八歲到二十一歲之間，根據氣候條件的不同，心智體㉑開始掌握主導地位，我們會說一個人已經達到法定的成年年齡。那時，他獲准投票，他的父親會送給他一只金錶當禮物，然後送他去外面的世界闖蕩。

㉑ mental body，是連結外在世界和內在世界的意識的橋樑。它包含幾個方面，包括明辨、意志、分析、自我（我意識）和直覺。

只有不到百萬分之一的人能夠理解法定成年年齡設定為二十一歲的原因，但每一個神秘主義者都知道原因。

靈性意識，亦即真正的「我是」（I am），一直到二十一歲才能在其新身體站穩腳跟。在那之前，它完全受到低層感官中心的支配。因此，生命的進展是以七年為一個循環週期的。

舉個例子，我們知道生命的第二十八年是第二次肉體誕生的時期，第三十五年則是第二次生命誕生，或說第二次成長的時期，第四十二年是第二次情緒體誕生的時期。在這些年裡，一些其他方面十分正常的人，常常會變得多愁善感。

第四十九年標誌著一段全新心智活動時期的開端，而且接下來的七年是思想的黃金階段。它們是哲學理性的時期、生命最巔峰的歲月。

以此類推，週期循環。如果一個人等待的時間夠長，他可能會經歷第二次、第三次和第四次的童年。

人體的元素和開口

很少有人了解，自己是由礦物、植物和動物元素組成的。骨頭實際上是礦物，頭髮是一種植物，由皮膚所散發出的生命以太波獲得養分，同時，每個人體內也有千百萬隻蠕動、爬行的小動物，讓每個人自成一座動物園。

古代的斯堪地納維亞人明白這一點，因此寫下許多關於住在人體內的小生物的傳說故事。有一尊著名的尼羅河之父雕像，全身被許多小人覆蓋，分別代表了人的各種性質和功能。

研究人是一門偉大的學問，但我們能用上教科書的地方卻很少。各民族的聖典裡，提供了一些城市和地方的大量解剖學參考資料，而這些城市和地方在人體之外根本不存在。

聖城的十二道門是人體中的十二個開口。就像十二位智者和十二個偉大學派，開口分為七個和五個兩組，即人體中有七個可見的開口和五個隱藏的開口。

有位希臘哲學家告訴弟子，要清楚記得人有六個開口通往大腦，但只有一個通往人的頭外部，那個通道是從胃出來的。因此，他們應該要傾聽兩次（一隻耳朵一次）、看兩次（一隻眼睛一次）、感覺兩次（一個鼻孔一次），但只說一次話，而且他們說的話將會來自胃和大腦。這個忠告至今依然適用。

希伯來人最喜歡將人的頭部當成表達神聖性質的符號，稱之為「偉大面孔」。

兩隻眼睛與聖父相關，因為它們是意識的器官。

兩個鼻孔與聖子相關聯，因為它們是感覺器官，也是以太中生命力「普拉那」㉒的載體。

嘴巴被用來象徵聖靈，亦即說出話語並形成世界的聖靈。

嘴巴所生的七個母音是寶座前的七靈，也是《啟示錄》中的七碗（vials）和七號（trumpet）。它們成為高聲前進的大軍，在七個世界進行創造，大自然的一切皆由它們的創造力而生。

很少有人了解隱藏在人類頭部裡的宏偉象徵，以及它在《聖經》裡是如何使用。

㉒ Prana，指生命力而言，是滲透到所有生命中的神秘本質，一如中國道家所稱的「氣」。

HOD
יסוד
YESOD
LUNA
LEVANAH
GABRIEL-CHERUBIM
שדי אל חי
ISHIM
ARETZ
SANDALPHON
MALKUTH
מלכות

第6部

神秘共濟會

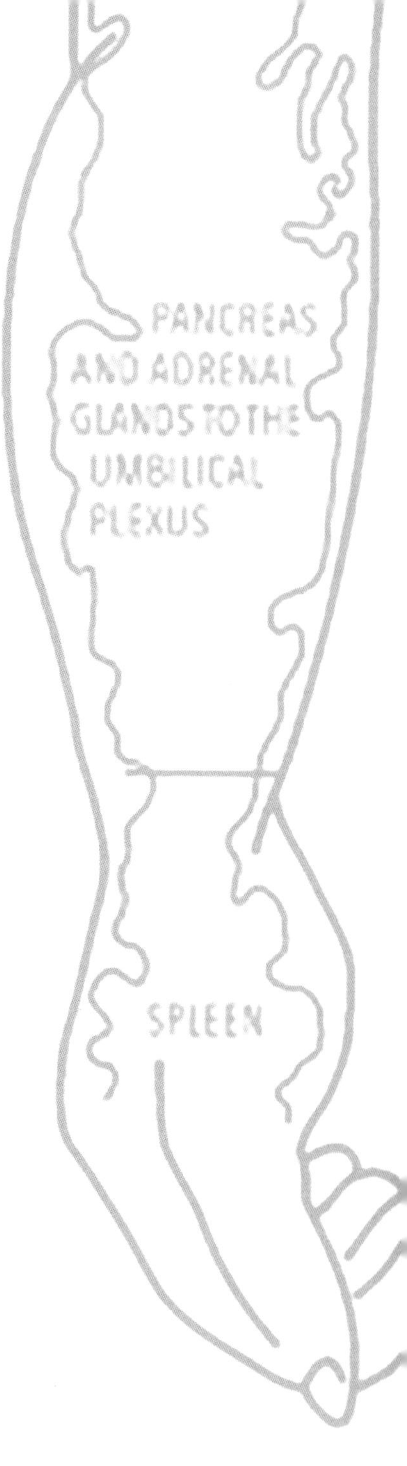
PANCREAS
AND ADRENAL
GLANDS TO THE
UMBILICAL
PLEXUS
SPLEEN

說明：

本書附加了一篇幾年前曾出版過，但已經絕版一段時間的論文。這篇論文與「解剖象徵主義」這個主題有著直接的關聯，文中指出了本書前幾頁所概述的原則，如何有效應用在當今世界面對的不同問題。

對神秘的共濟會學生而言，有一個問題始終存在。它以許多不同名稱為人所知，也透過許多象徵被傳達出來，但是簡而言之，它可以定義為：從結晶和物質的毒中，獲得淨化和解脫的身體及心靈。

換言之，他試圖拯救埋在坍塌殿堂廢墟中的生命，將它恢復到正確的位置，成為其靈性力量的基調。

研究古代共濟會時，我們所面對的是所謂智慧教導中已知最早的啟示之一。如同其他偉大的奧秘，它也包含了針對日常存在問題的解決方案。

現在，學習這些古老的抽象符號可能看似沒有太大用處，但是每個學生在未來遲早都會體會到，他現在棄如敝屣的東西，有一天將會成為他所需要的珍寶。

如同黃道上的半人馬，人類不斷努力將他的人類意識從動物的身體中解脫，而在共濟會的三級階梯中，我們發現了達成解脫所必要的三個重要步驟。

這三個步驟就是人類意識的三大區域。我們可以簡單地將它們定義為物質性、智性和靈性。

它們也代表了最低梯級的行動、中間梯級的情感，以及最高梯級的心性。所有人類都在攀爬這三個通往解脫的步驟，將自己提升到神的面前。

當我們結合這三種表現，讓它變得和諧平衡，我們就擁有燃燒的三角形。古人宣稱，神就像圓圈中的一個點，是不可知的，但是又說神能透過祂的三個見證人顯現出來，也就是聖父、聖子和聖靈。

現在，對人來說也是如此。我們每個人內在的神的部分，只能透過他的三個見證人來顯現：聖父透過我們的思想顯現，聖子透過我們的情感顯現，而聖靈則透過我們的行動顯現。

當我們平衡自己的思想、欲望和行動，就會擁有一個等邊三角形。

當一個人淨化後的生命能量透過這三個見證人放射出來，我們就會在三角形上增添一個火焰光環，它的中心是神，亦即那個不可知、不可想的存在；是希伯來字母中的 yod 或那個火焰狀字母；是那個無人理解卻是一切之源頭的深淵。

這未知的生命通過三角形湧出，在更高層次中被火焰的光環包圍。這個光環是由蛻變後的思想、行動和欲望所建構的靈魂，亦即上帝的永恆三角形。

在共濟會的各種象徵中，有一個蜂巢被稱為「勤勞的象徵」，因為它明確顯示了人類應如何與同胞合作，謀求共榮。

它還蘊含著一個更深層的訊息，因為每個生命靈魂都是一隻穿越生命，從環境和人生經歷中採集智慧花粉的蜜蜂。如同蜜蜂從花的中心採集蜜，我們每個人也應該從每一次的事件、每一次的喜悅和每一次的悲傷中，汲取靈性的花蜜，將它融入那個經驗的偉大蜂巢中，亦即人的身心靈之中。

同樣地，據說人內在的靈性能量會恆常不間斷地將他正在轉化的生命力量，帶進大腦裡的蜂巢，那裡存放著維持生命所需的蜂蜜或油。

據說古代諸神以蜜維生，不需要像其他人那樣進食或飲水。

從處理日常生活的問題所獲得或汲取到的蜜，就是高尚人士的糧食。當我們享用餐桌上的豐盛食物時，應思考靈性人士是否也是因為轉化一己生活的事物而獲得了滋養和發展。

有位古代哲學家曾經說過，蜜蜂從花粉汲取蜜，而蜘蛛卻從同樣的來源汲取毒素。因此，我們面臨的問題是：

我們是蜜蜂還是蜘蛛？我們將生活經歷轉化為蜜了，還是將它們變為毒素？它們是否提升了我們？或者我們永遠在反抗權威？許多人因經歷而變得苦澀，但智者卻能從中獲得蜜，並用它建構成一己靈性本質的蜂巢。

我們也應該思考「獅爪握」（grip of the lion's paw），這是世上最古老的入門象徵之一。

在古代，新入教者會經歷埃及廟宇的神秘儀式，最後被埋在一個為亡者準備的巨大石棺中，隨後由身穿藍色和金色長袍的大師使其復活。候選人藉此獲得提升後，大師會將候選人的手臂和手套進手套般的獅爪中，據說新進階的門徒是透過「獅爪握」而復活的。

希伯來字母 yod（它被放在三角形中央，有時因其類似火焰的形狀，而被用來當做靈性象徵），根據卡巴拉學說，其意思是一隻伸出的手。據我們了解，這象徵著人內在的太陽之靈，據說它在獅子座（亦即猶大之獅的星座）中位居最高位。

如同田間的果實和幼苗是透過太陽的光線而獲得生長與發展，據說，人的結晶體會透過靈性太陽的光芒來打破和驅散，這種光芒具有喚醒死者的力量，並解放生命的潛能。

人內在的靈性，有著能在黑暗中觀看的眼睛，它恆常不斷地努力將一己本性中較低的層面提升起來，使其與自己合為一體。當低層的人藉由其內在開展的更高理想，而從物質面獲得提升時，據說充滿真理與光的靈性將透過「獅爪握」來提升入門的候選人。

細想我們在共濟會儀式中看見的兩個約翰有何象徵意義。約翰的意思是「公羊」，而公羊象徵人類的動物性激情和習性。

在穿著動物皮毛的施洗約翰身上，這些激情並未經過轉化，然而，在福音書約翰的身上，則已經過轉化，讓其所代表的載體和力量，在人世中成為基督生命裡的愛徒。

我們經常聽見「騎山羊」（riding the goat，引申為加入秘密團體之意）或「爬油桿」（climbing the greased pole，引申為著手克服困難以取得成功）這種譬喻。

對那些有眼睛可以看的人來說，這具有重要的象徵意義，因為若一個人能克服他低等的動物本性，便可以誠實地說自己正在「騎山羊」，但若他不能騎上山羊，就不能進入啟蒙的殿堂。

他必須爬上的油桿，無疑指的是脊柱，唯有當一個人的意識能攀爬上這根柱子，進入大腦時，他才能取得共濟會的位階。

「失落的聖言」（Lost Word）這個議題應被視為個人問題。一個人本身（亦即真正的原則）可以被稱為「失落的聖言」，但更好的說法是，它是從人身上散發出的某種東西，構成一個所有工匠成員都能識別的密碼。

人是一已聖殿的建築師，當他濫用並破壞自己內在的生命能量，使得那位建築師被三個較低層的身體謀殺，他便將證明其地位的聖言帶進了墳墓。

對心靈、肉體或靈性力量的濫用，將導致能量遭到扼殺，當人失去這份能量，也隨之失去了神聖話語。

我們的生命，亦即我們的思想、欲望和行動，就是活生生的三重密碼，建築大師能透過它認出他的同類；當學生想要獲准進入內室，他必須在聖殿大門前交出純淨身體和平衡心智的證明。

這個神聖話語是無價的，也無法授予它任何學位，但是當我們內在那位死去的建築師再度復活時，他將親自說出這個話語，而他內在的點金石上，也會刻上活生生的神聖之名。

只有當這位建築師復活時，死亡的象徵才能轉變為永生的象徵。我們的身體是裝著海勒姆．阿比夫之骨灰的甕，我們的生命是毀損的柱子，結晶體是棺材，而碎裂體則是開放的墳墓。

但最重要的是那根常青的嫩枝，它向那些喚起蛇之力量的人承諾生命，並顯示了在聖殿廢墟下埋葬著建造者的身體，當我們釋放出囚禁在物質本質內的神聖生命時，他就會「復活」。

這些奇妙的共濟會象徵，有許多都是從被遺忘的過去傳承給我們的，這些象徵的意義早已遺失，被埋藏在物質的外衣下。

真正的共濟會會員，亦即光之子，依然渴求解脫，埃及空蕩蕩的王座仍在等待被殺死的太陽王。整個世界依然在等待著美麗的巴德爾[23]再次復活；等待著被釘在十字架上的基督推開石頭，帶著他自己的墳墓，從物質墳墓中復活。

---

[23] Balder the Beautiful，北歐神話中代表歡喜快樂的神，其死亡為世界帶來悲傷與黑暗。

若一個人能據此過生活，能夠理解這個奇妙的問題，那麼意識的偉大眼睛或意識的中心，就能透過淨化過之肉體的清澈玻璃看見外面。

由此，長久以來一直被隱藏在俗世之外的共濟會的真正奧秘，也將隨之被理解；而穿上藍色和金色長袍的新大師，將跟隨不朽者的腳步，一步步攀登通往七顆星的梯子。

在更高的上方，生命的源泉「方舟」在高處的遺忘之河漂浮著，透過纜繩將訊息傳遞給下方的人。當達到這一點時，「G」中的門將永遠關閉，因為點已經回到圓圈之中；三重的靈和三重的身體，會在所羅門的永恆封印中連結在一起。

接著，那個被建造者丟棄的房角石，會再次成為房角的頭塊石頭，而人，這個宇宙聖殿中長期不見蹤影的尖石，將再次回到正確的位置。

生活中的日常事件能磨練我們的感官、培養我們的能力。這些都是建築的工具，就如同槌子、鑿子和尺規，而利用這些鍛鍊自我的工具，我們能慢慢地把粗糙的角石或方塊，打磨成宇宙聖殿一個完成的石塊。

只有在這時，我們才能成為火焰的起源，因為此時光明才能取代黑暗。

當我們漫遊在一己存在的拱形房間裡，會認識到聖殿拱形房間的意義，當入會儀式在我們眼前展開，我們應該在其中認識到一己存在的重演、一己意識的開展，以及自己的生命故事。

心中若能存著這樣的想法，我們不但能理解古老的亞特蘭提斯人崇拜東昇之太陽的原因，也能理解現代共濟會是如何將這太陽象徵為出生高貴的海勒姆·阿比夫，當他上升到聖殿頂端，在上面放置一塊金石的時候，便喚醒了人內在的所有事物。

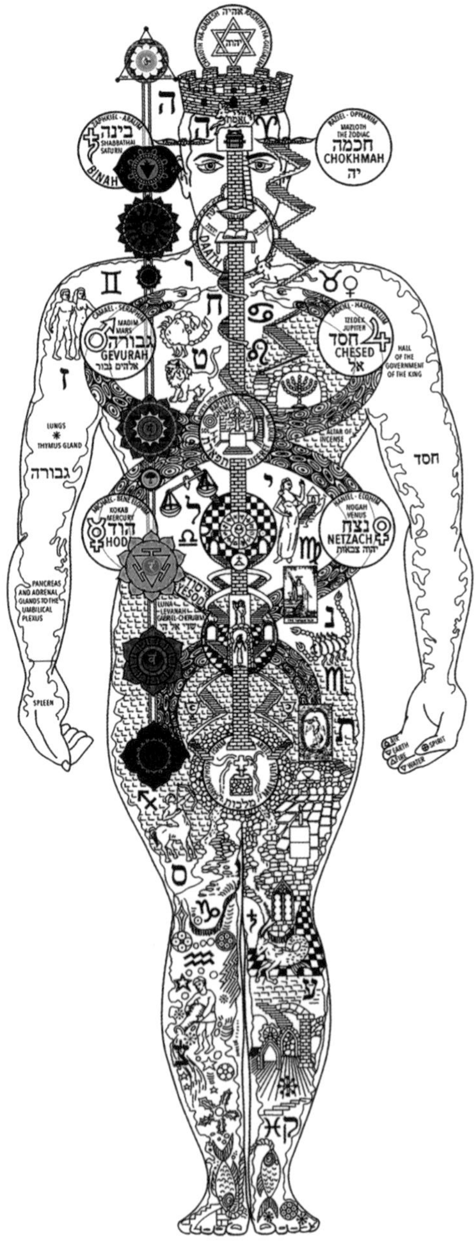

בינה
SHABBATHAI
SATURN
BINAH
MAZLOTH
THE ZODIAC
חכמה
CHOKHMAH
DAATH
MADIM
MARS
גבורה
GEVURAH
TZEDEK
JUPITER
חסד
CHESED
HALL OF THE GOVERNMENT OF THE KING
LUNGS
THYMUS GLAND
ALTAR OF INCENSE
גבורה
חסד
KOKAB
MERCURY
הוד
HOD
NOGAH
VENUS
נצח
NETZACH
PANCREAS AND ADRENAL GLANDS TO THE UMBILICAL PLEXUS
SPLEEN
EARTH
SPIRIT
FIRE
WATER

推薦序文

一份豐盛的靈性餽贈

這本書的作者集結有關煉金術與神秘學的精華，揭示人類內在本質與無限之間的深刻關聯。開篇便引述埃及半神赫米斯（Hermes）的公理：「其上如其下，其下如其上。」強調個人是小宇宙的具現，微妙地反映著浩瀚的大宇宙。

正如占星學中星體對應人體的象徵，太陽象徵心臟，月亮象徵乳房等，書中敘述：「天上的每一顆星星，地球上的每一個元素，以及自然界的每一個功能，都能體現為人體內所對應的中心、極點或活動。」書中清晰地闡述人體神秘功能的象徵意義，讓對神秘學、人體奧秘與宇宙關聯有興趣的人，獲得更深入的啟迪。

書中的許多概念與占星學和內修息息相關，例如古人稱大腦的兩葉為該隱和亞伯，右半腦受水星控制，代表智慧；左半腦受火星控制，代表衝動與憤怒，當火星支配了人的本性，不平衡的狀態會扭曲觀點，並帶來相應的代價。

書中也闡述「拙火」的概念，脊柱是連結上方天堂和下方黑暗界的通道，由三十三節脊椎骨構成，以蛇或權杖為象徵。靈性之火（昆達里尼）位於脊柱底部，當這股蛇形力量透過脊柱上升衝擊大腦時，象徵著朝聖之旅，內在感知中心會被打開，帶來靈性覺醒。

作者是共濟會會員，在書中也分享共濟會的智慧教導。提及有人如蜘蛛，從經歷中汲取毒素，受困於自己編織的網中，而智者如蜜蜂，從經歷汲取甘蜜而滋養靈魂。這本書對我而言是一份豐富的靈性饋贈，推薦給每一位追尋內在智慧的人。

——Angel 馮亭予／占星師、光的課程帶領者

進入靈魂和宇宙能量交匯的世界

《人體的神與秘》中，霍爾將人體描述為一個充滿神秘象徵與精神寓意的系統，跨越了傳統解剖學的界限，深入探討身體與宇宙之間的微妙關係。他用幾乎是詩意的語言，帶領讀者進入一個充滿象徵意義的世界，其中每一個器官、每一塊肌肉都不僅是生物學功能的體現，更是靈魂和宇宙能量的交匯。

古埃及人將人體視為靈魂的殿堂，印度教的能量中心（查克拉）和能量通道（納迪）揭示了人體是如何在物質和精神世界之間架起橋樑。西方煉金術的觀點則展示了透過精神和身體的淨化，人們可以達到更高的靈性層次。

閱讀這本書時，不禁讓我想到萊登大學建築史教授梅京（A. Mekking）提出的「世界軸與宇宙十字」（Axis Mundi & Cosmic Cross）的概念，和宗教學家米爾恰．埃利亞德（M. Eliade）在《聖與俗：宗教的本質》一書中，提出多種古代文明關於宇宙和創世的理論。他們指出，「世界軸」的象徵通常出現為高山、巨樹、天梯、柱子或人體，象徵著天地之間的連接，並支撐著宇宙的結構，就像印度的梅魯山、斯堪地那維亞的尤德拉希爾樹，以及中國的崑崙山，被認為是宇宙的起源和世界的中心，進而向四方擴展，並與人體為軸心的十字軸呼應。

在實際的建築中，無論是城市、村落、宗教建築還是家居，人們常將這種宇宙中心的象徵融入到建築環境的設計之中，例如印度吠陀風水（Vāstu-Shāstra）系統中的建築佈局原則，就是以人體各個部位與和太陽方位系統的對應來設計的，實現微觀與宏觀宇宙的和諧。而這種「人體與宇宙」的聯想也充斥在古代儀式中，就像希臘化埃及魔法 PGM XIII. 734-1077，以自身為軸心與宇宙共振吟唱，亦如現代的卡巴拉十字與五芒星儀式。

霍爾的《人體的神與秘》值得一覽。

——Oscar 灰叔／澳大利亞中華神秘學協會（COA）前主席、連續三屆中國塔羅研討會指定導師與塔羅　賽出題　和總裁判、《地占全書》系列作者

一起來感受我們的身體吧！

身心靈的第一個訴求，就是去感受你的身體，但市面上許許多多的課程往往一直過度著重於心和靈，但其實身、心、靈彼此都必須相互平衡，才能真正的去探索神秘學的奧秘。

書名《人體的神與秘》真的非常吸引我的注意，原文是《THE OCCULT

ANATOMY OF MAN》，其實非常傳神，從能量的角度來剖析肉體，非常有意思。
當然，這本書由來許久，有些分析可能與現代醫學角度不同，但就如同之前所提的，這個分析是由能量來思考，就像中醫和西醫所指的「腎」不完全一樣的道理。我們可以用更多的角度來理解自己的肉身，可能你也會有更多不同的體悟。我很建議大家來看一看，並從自身經驗來驗證，相信各位會有很特別的領悟。

——YOYO／「YOYO 心靈角落」創辦人

探索人類身體的奧秘

無論你是神秘學熱愛者、靈性探索者，還是對人類身體和靈魂的奧秘充滿好奇心的讀者，曼利．帕爾默．霍爾的《人體的神與秘》都是一本不可錯過的經典之作。這本一九二九年出版的作品，揭示了人體和宇宙之間神秘而深奧的聯繫，帶領讀者進入一場關於人類本質的深入探索之旅。

作者曼利．帕爾默．霍爾一生收集無數古籍、史料，且勤於寫作，神秘學相關著作等身。

這本關於人體奧秘的書，原只是一本小冊，卻彙整了東西方宗教、醫學、靈性、神秘學傳統對人體的看法。閱讀過程呼應我自己從藥草醫學到醫療占星學習過程中所見，數字二、三、四、五、七和十二，各種對應不斷出現在認識、區辨、分類世界與人體的架構中。「天上如是，人間亦然」（As Above, So Below.）一語如影隨形。

霍爾生前在演說中講過這樣一段話——

To live in the world without becoming aware of the meaning of the world is like wandering about in a great library without touching the books. Only philosophy can teach us to be born well, to live well, to die well, and in perfect measure, to be born again.

生於塵世，如不曾探究世界的真諦，就像在浩瀚藏書閣中徜徉，卻不翻閱任何書籍。唯有哲學，能指引我們如何好好的降生、生活、離世，並在恰當的時刻，再次輪迴。

神秘學看似艱澀玄妙，但回歸原型力量的對應，是理解基礎和本源的關鍵。本書引導讀者走向最初的自我，理解整個宇宙就在身體、心靈和靈魂中。讀畢全書，將可深刻理解，靈性追尋的終點就是回到自我，因為天上人間皆有所對應。

向內看，就有整個宇宙。

——女巫阿娥／芳香療法與香藥草生活保健作家

清楚說解奧秘生理學

很開心又有一本中文的好書出版，作者霍爾成名甚早，他的成名作《歷代秘教》是研究西方神秘學歷史必讀的經典，學識廣博的他對於西方神秘學的歷史及傳承極有使命感，因此也努力出版了非常多的著作，讓許多原本秘傳的知識能為大眾所知。

這本《人體的神與秘》是作者早期的重要著作之一，書中以卡巴拉及基督宗教的啟示為主，旁及其他東西方神秘學的派系，清楚呈現出物質世界與靈性世界交會的奧秘生理學，是少數能將理論說得清楚明白的作品；當然，如果讀者對於卡巴拉或《聖經》故事沒有基礎，在某些章節的理解就會受到限制。

本文前三部作者帶領讀者進入人體的聖殿，第四部解開了生死之謎，第五部從演化與發展的角度切入，將前面的內容做了十分精彩的結論，第六部則是提到啟蒙開悟的意識轉化。全書字字珠璣，極度濃縮，有些字句需要再三細讀才能了解作者深意。

除了文字深度之外，本書的附圖也十分精彩，當中把人體的象徵主義及各種神秘學的說法整合在一起，甚至可以說，用一張圖濃縮了書中所有文字的精華，資訊量十分龐大，值得大家仔細研究品味。

——丹尼爾／塔羅教父、《奧密科學大綱》譯者

一窺人身之奧秘

對於神秘學的修習者而言，我們認為宇宙間的每個層次，都在各自不同的八度上共振相應，內在與外在、精神與物質、意義與形象、世界與個人在這個過程之中相互協和、彼此串聯，而形成一個有序的宇宙；因此，如何探觸自身所處的現實背後——那更加精微細緻的層次，進而使自身與宇宙規律共舞、達致動態的平衡，便是我們修習的重點。

但很多時候，我們往往很難進入那般合一相應的狀態，我們在概念上理解這些層次的對應，卻無法切身觸及；也因此回歸到自身的存在，以自身來體察、映照宇宙間各個精微的層次，認識並鍛鍊自身的身心，會是幫助我們實踐神秘學修習的一個重要關鍵。

身體就是靈魂的形象、人身也是宇宙的縮影，我們的生命情境就在這個身軀層次之間，不斷上下轉換游移。

在自身之內我們遊歷三界，感受到自身獸性、人性與神性的不同面向；我們的骨骼、體液、氣息、體溫，也與四元素相呼應；我們的內臟器官除了有它們的實際功能之外，更帶有無形的靈性意義。

試著熟識身體，覺察、養護並鍛鍊它，讓它擺脫不良的習慣與姿態，回歸到它最平衡中立且張持有度的狀態，當我們在自身的衝突對立之中找到協和平衡之處，我們也能觸類旁通的體悟到隱藏在現實背後的潛力與精妙層次。

透過這本《人體的神與秘》，我們將一窺人身之奧秘，讓我們從認識自己開始，串聯起那與我們共鳴相應的廣袤宇宙。

——丹德萊恩／《一個台灣巫師的影子書》作者

將奧妙從宇宙觀回歸人體

理解神秘學的智識，更能進一步架構解讀塔羅的點線面！翻張塔羅牌已然成為現代自我對話的好工具，透過塔羅的牌卡世界，如同看清人生地圖般，在每個十字路口上給我們提點許多建議。

而本書中集合了豐富的符號象徵、星座、煉金術等神秘學經典內容，將奧妙從宇宙觀回歸至人體，由器官部位對應與靈性能量相輔，再搭配整合性的人體圖文，順理成了易懂的章節。

可以說，這本書從歷史文化的本源探索，到神話傳說的信仰觀點，不僅增添了你我看待事物的多面角度，更能深刻的察覺內在意識，掌握心靈的生命力量。

——孟小靖／塔羅事典館主

尋求靈性啟迪和內在智慧的重要資源

看到這份書稿時，才突然明白，這本書被譽為二十世紀最具影響力的神秘學經典之一，真的是名副其實！最吸引我的是那些複雜精密的人體圖，酷似星際馬雅十三月亮曆的祖師爺——荷西博士的創作，同時結合卡巴拉的圓球象徵元素，真的是非常讚嘆！

此書，不僅融合了超過四百名形上哲學家的思想，更是卡爾．榮格創作的重要資源。書中深入探討了人體在象徵主義、神秘學和靈性層面的深刻意涵，分別從不同角度剖析人體的靈性和象徵意義。

書中詳細探討了大腦和脊椎在象徵主義和靈性修行中的重要性。其中，大腦被視為靈性啟蒙的聖殿；脊髓則被比作連接天地的靈性之火……這些象徵不僅在生理上有其重要性，還承載著深遠的靈性意涵，強調了人體內部的智慧和靈性能量的流動。

此外，書中還介紹了人體各個器官的宗教意義，例如心臟被比喻為矗立在橫隔膜山上的廟宇；脾臟象徵著以太體的充電器……這些器官在靈性層面上具有特殊的象徵意義，並且與人體的整體靈性修行密切相關。

這本書透過深入探討人體的象徵意義和靈性層面，展示了人體在神秘學和靈性修行中的重要地位。它融合了多位形上哲學家的思想，為讀者提供了一個全面的靈性視角，揭示了人體內部的神聖智慧和能量流動。

可以說，這本書不僅是神秘學愛好者的經典讀物，也是所有尋求靈性啟迪和內在智慧的人士的重要資源。

——陳盈君／左西人文空間創辦人

密契解讀的精選之作

著名作家、講師和神秘主義者曼利．帕爾默．霍爾的《人體的神與秘》試圖透過向內觀察——以人體本身來解釋宇宙的本質。

普世神聖著作大致都包含了「神按照自己的形像創造人類，作為祂的彰顯的靈性」的概念，只是各版本不同。但就從這裡，著名神秘主義者曼利．帕爾默．霍爾在《人體的神與密》一書中探索了這樣的一個想法：作為無限的縮影，人體蘊含著宇宙奧秘之鑰。

霍爾指出，「古代世界的祭司相信天上的每一顆星星、地球上的每一種元素，以及自然界中的每一種功能，都是由人體內相應的中心、極點或活動來代表。」

由於我們始終無法理解宇宙的浩瀚，偉大的精神領袖、聖者、先知又如何從凡入聖，從意識到超覺意識？只因為每個啟蒙過程到密契（神秘主義又稱密契主義，指人類與神靈或超自然力量密切契合）經驗都很個體化，然而，我們可以轉向內心，尋找我們可以理解的東西，來解釋我們無法理解的東西——把人看作宇宙的縮影，我們就能更理解不可知的事物。

在幾乎所有的精神信仰體系中，宇宙都被分成三個部分——天堂、人間和地獄或地下世界。天在高處，神居住在那裡，俯視著我們。當我們祈禱時，我們將目光和雙手舉向天堂。地球是中間地帶，懸浮並連接天堂和地獄。地獄就在下面。霍爾認為，人體也遵循同樣的模式。「帶有神聖內容的頭骨」是物質形式的天堂。脊椎有三十三塊椎骨，是大地，是連接天地的梯子，以下則是代表地獄或陰間的生殖器官，是我們情感和性衝動的來源，這是離大腦、離我們神性最遠的地方。

透過對世界宗教、神秘學和東西方文化傳統的廣泛研究，霍爾在這本書中闡釋了古人的智慧。對於那些對人類與自然和更廣闊的宇宙的聯繫，以及符號象徵解密感到好奇的人來說，《人體的神與秘》是一本密契解讀的精選著作。

——黃逸美／《意識結構》共同作者，意識結構研究會負責人

本書帶來的震撼，幾乎從頭至尾連連不絕！

人體是最引人好奇的議題、也是最迫切需要知識，但其實有關於此的書籍和傳播並不多見。近年來生理的心理因素得到肯定的證明，而身體和靈性層面的關聯也越加清晰，尤其身心靈界更強調三層次合一，因而對於和心理、靈性結合的人體奧秘探索成了渴求。

許多年前，就有人體或疾病對應心靈特質的相關資訊廣為流傳，大致上多以全息對應的方式為原理，但多年來只是這些理論重複轉載，也不明所以而人云亦云。真正鉅細靡遺的全人體觀照，與深刻學理或者神秘學奧義相通的知識傳播，反而一直缺乏。於是人們更加期待對此有通透的了解，需要更進一步的知識和學理，而不僅是片面資料，那麼，如今終於出版的這本書，就非其莫屬。

《人體的神與秘》這本書其實早在一九二九年就已經問世了，原作者是加拿大的神秘學家霍爾，這位現代占星師的生命歷程幾乎貫穿了整個二十世紀，而他又是碩果僅存的奧秘團體成員，難得地保留了其中的神秘學傳承。足稱道地古老智慧和最新知識結合的力作，充滿了這個年代的優勢：人體醫學知識新式而現代，神秘學底子綜合了古今各家，又不限於流派和文化而集大成。

光是一開篇的許多張圖解就讓人驚豔不已，〈人體的神與秘圖表說解〉單元中融合了許多神秘學的人體圖說，卡巴拉生命之數的十大質性天界、印度的脈輪和昆達里尼等學說，都深度融合在一起。涉獵西洋神秘學的同好肯定會興奮不已，書中對於神秘學原理的鉅細靡遺，甚至到了能夠直接運用在塔羅牌上的地步。

雖然綜合了數百位哲人思想家和數十種體系的學說，卻並未脫離最主要的學理，像是書中著重的元素概念，性質作用也和一般神秘學相通。甚至我們會發現，原來許多既視感而熟悉的神秘人體相關知識，出處源頭就在這裡。本書帶來的震撼，幾乎從頭至尾連連不絕！

本書從身心靈的最基礎部分的人體講起，又串連起這三個層次，當然是身心靈的關鍵書籍。如果你對人體靈性有好奇心，想要了解為什麼，想進一步探索奧義，本書都是很好的學習門路。

從事各種另類療法以及熱愛療癒的人，尤其需要其中的養分。光是想研究神秘學理的人，也能從中得到非常多領悟。甚至醫療專業或科學人士也可參考，作為歷史回顧或者以人類學的不同角度，來看待其中內容。

書中也可以看出作者本身的靈性追求，也強調眾神和眾女神引領人的意識隨著宇宙運行和進化。信仰的情懷讓某些層面更打動人的同時，也不免帶出每位作者總有的自身侷限，然而本書所能帶來的啟發，仍是非常珍貴而力量無限的。

誠然，我們慣來體驗神聖的方式，多是聆聽自然的聲音、遙想宇宙的奧妙。可是這次是直視自身的人體，感覺更是具體而無可逃避。總之，這本人體的神秘學，是身體神秘學構造的寶庫，是多維時空繁複體系交織的身心靈學說，蘊含著豐富深刻的精湛學理，相信不是一般人體書籍能相提並論的。

——星宿老師 Farris Lin 林樂卿／占星協會會長

天上的每一顆星星，
地球上的每一個元素，
以及自然界中的每一種功能，
都能體現為人體內對應的中心、極點或活動。

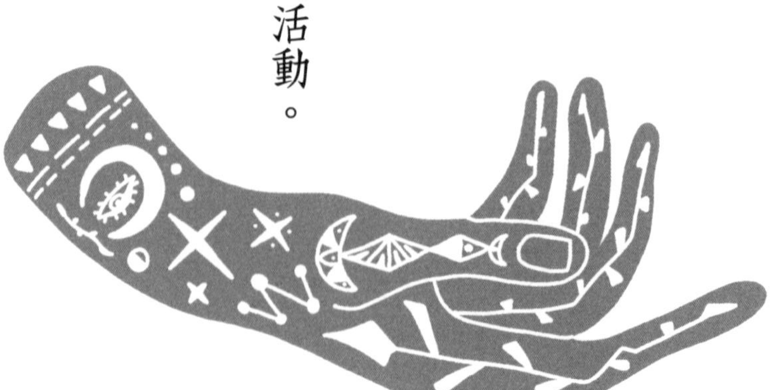